Savoir communiquer
à l'ère des nouveaux médias

Dans la collection « Efficacité professionnelle »

Guy Desaunay	*Comment gérer efficacement son supérieur hiérarchique*, 2e édition, 1998.
Guy Desaunay	*Comment gérer intelligemment ses subordonnés*, nouvelle présentation, 1998.
Thierry Destrez	*Demain, je parle en public – Réussir vos interventions orales*, 1998.
Madeleine Griselin, Chantal Carpentier, Joëlle Maillardet, Serge Ormaux	*Guide de la communication écrite*, 2e édition, 1997.
Gérard Hoffbeck, Jacques Walter	*Prendre des notes vite et bien*, 2e édition, 1996.
Danielle Lapp	*Améliorez sa mémoire à tout âge*, 2e édition, 1997.
Pierre Longin	*Apprenez à mieux vous connaître*, 1995.
Bernard Sananès	*La communication efficace*, 2e édition, 1995.
Bettina Soulez	*Devenir un lecteur performant*, 2e édition, 1997.

Jean-Michel LEFÈVRE

Savoir communiquer à l'ère des nouveaux médias

2e édition

DUNOD

ISBN 2 10 004049 9

Table des matières

Introduction
L'urgence de mieux communiquer...

Devenir tous communicateurs ?

Un livre est un outil de communication... Celui que vous ouvrez n'échappe pas à la règle de sa catégorie. Il n'est donc pas destiné à tout le monde : en voulant s'adresser à tous, on prend le risque de ne s'adresser à personne !

Il n'est pas destiné aux communicateurs de métier que sont, entre autres, les gens de publicité, les équipes de communication interne ou externe des entreprises, les professionnels de la presse, des médias ou des relations publiques. Ceux-là ont un métier qu'ils connaissent souvent très bien et des méthodes qui ont fait leurs preuves.

Nous nous sommes intéressés à tous ceux dont une part du travail de plus en plus importante consiste à communiquer avec d'autres :

- les *vendeurs* qui doivent présenter, exposer, argumenter pour séduire et convaincre d'acheter...
- les *consultants* dont les (bonnes et moins bonnes) idées ne valent que par la qualité de leur présentation...
- les *cadres* et les *agents de maîtrise* qui doivent sans cesse informer leurs équipes, les solliciter, les mobiliser et les motiver davantage...
- les *dirigeants* qui doivent aider leurs entreprises ou leurs structures à « changer » pour s'adapter aux nouvelles donnes de la société et de l'économie « mondialisées »...

- les *formateurs* qui oublient souvent que, si elle se fonde sur une compétence ou une expertise, la formation est d'abord un moment et un acte de communication maîtrisés...
- tous ceux, enfin, qui découvrent à un moment de leur vie professionnelle qu'ils doivent communiquer, qu'ils n'ont pas choisi de le faire et qu'ils ne savent pas bien comment s'y prendre.

Ce livre souhaite d'abord les rassurer : avec un peu de méthode, de vigilance et de savoir-faire, tout le monde est capable de communiquer avec succès et d'en mesurer les résultats. À l'époque des technologies triomphantes, il les aidera à déjouer les pièges et à limiter les risques des outils de communication parfois trop séduisants pour être totalement honnêtes...

Il leur expliquera aussi comment préparer leur communication de façon méthodique et rationnelle pour rester maître, autant que faire se peut, d'un processus complexe et chaque fois unique.

Enfin, il tentera de leur faire toucher du doigt ce qui signe une opération réussie : le plaisir de se faire comprendre, de convaincre et d'emporter l'adhésion.

Apprivoiser la puissance des nouveaux outils de communication

La fin du siècle sera marquée par l'irruption dans le monde de deux outils qui vont changer en profondeur nos modes de communication, sinon notre culture : le multimédia et Internet. La « toile du Web » reliera entre eux les hommes et les femmes de tous les continents pour qu'ils soient mieux informés, plus à même de décider, plus capables de choisir, bref, plus libres. Ou bien elle les livrera pieds et mains liés à des systèmes totalitaires, autoraires et pervers... Ce sera l'un ou l'autre, selon l'usage que nous choisirons d'en faire.

Quant au multimédia, il peut tuer en nous le désir de lire, la volonté de comprendre, le plaisir de vivre au profit de mondes virtuels intoxicants. Il peut aussi nous faire découvrir un peu mieux les mille facettes du réel, la culture des autres, la joie des différences. Il peut nous enrichir de toutes les idées et de toutes les réalités du monde. Là encore, c'est à nous de choisir et de décider !

Les questions posées par les « NTIC » (Les Nouvelles Techniques d'Information et de Communication) ne sont pas nouvelles. Elles sont seulement rendues plus urgentes par la vitesse et la force de leur arrivée ainsi que par la profondeur des mutations socioculturelles qu'elles entraînent en ce moment avec elles. Ces outils sont véritablement nouveaux et puissants. Plus que tous les autres, ils exigent de leurs utilisateurs de la rigueur et de la compétence.

Ce livre essaiera de vous montrer que les outils ne valent que par l'usage que l'on en fait et la place qu'on leur assigne dans un processus de communication. L'expérience quotidienne nous montre que la puissance est au service du meilleur ou du pire. La meilleure façon d'éviter le pire est encore de bien les connaître, de savoir ce qu'on veut en faire et d'apprendre à les utiliser. Il s'agit uniquement de les apprivoiser.

Apprendre à communiquer ? Mais pourquoi ?

La vie des entreprises et des gens fourmille d'idées géniales, de produits ou de services qui ne réussissent pas à percer, qui disparaissent, se dégradent ou s'évaporent faute d'avoir été présentés, mis en valeur, vendus, faute, en fin de compte, d'avoir été « communiqués » convenablement... Beaucoup ont été perdus parce que, faute d'avoir été travaillés dans leur « forme », ils n'avaient pas non plus de « fond ». Les meilleures idées n'existent que par la communication qui leur donne forme et les transmet.

Vous pensez peut-être à ces « idées du siècle » qui auraient pu rendre leur auteur riche et son entreprise prospère. Vous avez sans doute aussi, parmi vos souvenirs professionnels, des rancunes tenaces contre des idées médiocres mais tellement bien présentées, tellement bien vendues que l'éclat des mots ou des images en occultait la faiblesse ou le mensonge. La politique « politicienne » fourmille de ces inanités brillantes !

Évidemment il ne s'agit pas ici de promouvoir la médiocrité : il est toujours plus utile et plus rentable (plus moral aussi, peut-être...) de mettre en valeur de bonnes idées que de mauvaises ! Mais, comme vous êtes certainement déjà un bon professionnel, il serait dommage que cela ne se sache pas davantage et que vos idées remarquables ou décisives restent ternes et engluées dans une communication médiocre, improvisée, bricolée sinon totalement négligée.

Si vous êtes encore sceptique, posez-vous ces quelques questions :

1. Pourquoi avez-vous acheté votre dernière voiture ?
2. Pour qui avez-vous dernièrement voté, et pour quelles raisons ?
3. Pourquoi n'êtes-vous pas parvenu à convaincre ce prospect ?
4. Pourquoi n'avez-vous pas réussi à vous faire augmenter depuis longtemps ?
5. Pourquoi les salariés de votre entreprise semblent-ils baisser les bras devant les difficultés ou les changements ?
6. Pourquoi vos collaborateurs ne vous ont-ils pas suivi dans vos propositions ?

Maintenant, passons à vos réponses ! Si, par hasard, vous n'avez pas répondu à deux ou trois de ces questions ou bien que vous avez été « séduit » (dans les deux sens du terme...) par une bonne communication, ou bien, au contraire, que vous n'avez pas su communiquer vous-même de façon convaincante, alors fermez ce livre tout de suite ! Faites-en cadeau à quelqu'un qui n'a pas vos certitudes ou revendez-le à un libraire spécialisé en livres d'occasion[1].

---

1. Voici, à toutes fins utiles, quelques réponses possibles :
Question 1 : La voiture que vous avez choisie n'est ni meilleure ni pire que les autres. Elle a le même aspect, roule à la même vitesse (limitée...) que les autres et consomme autant... De toute façon, vous ne connaissez rien à la mécanique ! Mais le vendeur vous a démontré qu'elle était le « nec plus ultra » de sa catégorie, laquelle correspondrait à la fois à votre métier, à votre famille et à votre standing... Et vous en êtes tellement convaincu que vous savez fort bien en faire la démonstration à tous ceux qui osent mettre en doute la pertinence de « votre choix » !
Question 2 : Même type de réponse ! Remplacez seulement « voiture » par « candidat », « moteur » par « programme » et « mécanique » par « politique »...
Questions 3 et suivantes : Mêmes réponses... Et à vous de faire les substitutions qui conviennent !

Dans le cas contraire, gardez-le : il est fait pour vous ! Il vous aidera à faire un bout de chemin au milieu des écueils de ce dont vous venez de souligner l'importance dans tous les moments de la vie : la communication.

Vous allez découvrir comment démultiplier vos compétences, les mettre en lumière pour en faire profiter les autres. Vous saurez aussi comment mieux informer, mieux former, comment convaincre ou comment séduire.

Nous avons l'ambition à la fois immodeste et totalement réaliste de vous aider à bâtir pas à pas, méthodiquement et sûrement, une communication à la mesure de vos talents.

Un livre pour apprendre à mieux communiquer

Ce livre n'est pas construit pour être lu exclusivement page après page et chapitre après chapitre.

Il procède par questions, analyses, éléments de méthodes et conseils successifs qui peuvent être abordés dans l'ordre de leur présentation ou dans le désordre, suivant vos propres centres d'intérêt, vos attentes ou vos besoins. Vous y chercherez des réponses à des questions que vous vous êtes déjà posées. Vous y trouverez aussi des questions auxquelles vous n'avez pas encore pensé, accompagnées, bien sûr, des informations et des réponses utiles.

Mais vous n'y trouverez pas de « magie » ! Car il n'existe pas de méthode ou de façon de faire qui garantisse la perfection d'une communication. Il y a surtout des garde-fous à se donner pour éviter les pièges et des cartes pour éviter les écueils ou les ornières. Il y a enfin un état d'esprit d'exigence et de méthode. Plus on manipule des éléments flous, empiriques, diffus, sensibles, plus on doit traiter de « non-dit » et d'informations « molles », plus il convient d'être rigoureux, de clarifier et de cristalliser les choses.

La communication qui réussit est un dosage à chaque fois nouveau de conviction, de trucs, de logique, de « nez », de travail et de métier. C'est une constellation de règles observées, un ensemble de savoir-faire disparates et complémentaires, une chaîne de préoccupations interdépendantes... Et, en communication comme partout ailleurs, c'est toujours le maillon le plus faible qui donne sa résistance maximale à la chaîne...

Nous avons ajouté à presque tous les chapitres une démarche concrète, pas à pas, de résolution des problèmes : elle vous proposera des étapes de réflexion et de décision formalisées. Parcourez celles dont vous pensez avoir besoin... Découvrez-les, comprenez-en les raisons et les mécanismes, apprivoisez-les comme on le ferait d'une boîte à outils, puis entraînez-vous à les utiliser.

Une démarche de communication est une série de petits pas, tantôt méthodologiques, tantôt créatifs, tantôt techniques, que ce petit livre veut tenter de vous rendre plus assurés et plus agréables à la fois.

Structure générale du livre

Nous vous proposons une organisation en 10 chapitres consacrés chacun à *une idée-force* qui répond à une question qui se pose (doit se poser ou mérite de l'être) dans un processus de communication.

Les *chapitres 1 à 6 et 9* représentent les « sept piliers de la communication »... les sept questions à se poser et les réponses à apporter pour avoir une chance de réussir.

En ce sens, ces chapitres structurent une démarche complète et méthodique d'exploration, d'analyse d'une situation de communication, puis de diagnostic et de préconisation.

Dans la réalité, il est rare que toutes ces questions soient à éclairer avec une même intensité. Certaines d'entre elles sont déjà analysées ou font l'objet de réponses trop évidentes pour mériter un approfondissement complémentaire.

L'expérience prouve cependant que souvent ces « évidences » supposées sur l'un ou l'autre point reportent les difficultés sur les points suivants qui, par là même, deviennent plus risqués ou plus délicats à approfondir.

Les chapitres 7, 8 et 10 traitent de points spécifiques qui ne sont pas le passage obligé de tout travail méthodique préalable à une communication réussie. Ils se situent donc hors du processus et de la démarche d'interrogation. Ils approfondissent néanmoins des questions utiles en particulier les questions propres aux nouveaux médias qui se poseront un jour ou l'autre à tous ceux qui ont à communiquer dans le cadre de leur entreprise.

Chapitre 1
Adressez-vous toujours à quelqu'un

Communiquer, c'est parler à quelqu'un

Banalité ? Non ! Derrière cette évidence se cache une vraie question. Tellement vraie qu'elle est l'objet de ce premier chapitre. C'est la première question à poser au début de toute réflexion sur une communication : « à qui vais-je m'adresser ? ».

Cette question est plus difficile qu'il n'y paraît et la réponse ne va jamais de soi.

Vous le savez depuis longtemps ? Vous avez l'habitude de poser cette question et d'y répondre ? En êtes-vous bien certain ?

Pendant votre dernière conférence commerciale, vous avez parlé à vos vendeurs un jargon de technicien. Résultat : les ventes de votre nouvelle gamme de produits ne décollent pas !

En répondant au dernier appel d'offre, vous avez vanté les mérites et les références de votre équipe, son savoir-faire... sans évoquer les besoins de votre client. En fait il ne deviendra pas « votre client » : il a préféré traiter avec votre concurrent.

Votre plaquette d'entreprise (en quadrichromie sur papier glacé) reste en piles désespérément égales... Elle commence à vieillir avant même d'avoir été distribuée.

Vous avez gagné (comme beaucoup d'autres...) un prix au Festival de B. avec votre film d'entreprise. Mais combien de spectateurs l'ont vu et combien le verront ?

Vous mettez en copie de vos notes une liste systématique de destinataires « pour information »... Savez-vous bien qui et, surtout, pourquoi ?

Qu'y a-t-il de commun à ces différentes situations ? Eh bien, dans tous ces cas, il s'agit d'opérations de communication « sans interlocuteurs » : ou bien ils n'ont pas été identifiés, ou bien ils n'ont pas été choisis.

Dans les deux premiers cas cette absence de réflexion sur les cibles amène à des erreurs de « registre » : faute d'avoir suffisamment précisé à qui l'on s'adresse, on oublie les destinataires, puis on parle d'autre chose (de soi, par exemple...).

Dans les autres cas, la question n'a même pas été posée : on parle sans s'être demandé à qui ! Pas étonnant alors que les plaquettes et les films intéressent essentiellement leurs auteurs et restent dans les armoires !

Bien sûr, la vie de votre entreprise ou de votre service et le déroulement de votre carrière ne sont pas directement mis en péril par ces erreurs de communication. Mais votre efficacité professionnelle et l'image que vous donnez de vous-même le sont certainement.

Aussi, avant d'ouvrir la bouche, soyez absolument sûr que vous allez parler à quelqu'un (ou quelques-uns...) : identifiez-le(s), découvrez-le(s), choisissez-le(s) !

Sans cela, vous risquez fort de parler... tout seul ! Cela ne sert strictement à rien et on risque de finir par vous regarder de façon bizarre...

Tout ce chapitre est destiné à vous aider à bien identifier vos cibles. Ce n'est certes pas suffisant pour les toucher et parvenir à vos résultats. Mais c'est une condition nécessaire.

Règle *n° 1*

Si vous n'avez pas établi la liste exhaustive de ceux à qui vous allez vous adresser, arrêtez tout et commencez par le faire.

Établissez une relation de communication

Une situation de communication vous met toujours en relation avec un récepteur. Dans un premier cas il s'agit d'une relation entre *vous* et *un récepteur* : par exemple une conversation ou un entretien à deux, une leçon particulière ou encore le dialogue d'un vendeur avec son client, d'un cadre avec son employé.

Dans un second cas, il s'agit d'une communication de *vous* vers *plusieurs récepteurs.* Et c'est bien là que tout va se compliquer. Précisons d'abord que c'est le cas le plus fréquent, et le plus difficile à manipuler.

Voici pourquoi !

Le problème principal (et la question essentielle de ce chapitre) est de savoir si ceux auxquels vous vous adressez constituent bien un *groupe homogène.* Pouvez-vous donc vous adresser à eux « comme à un seul homme » ? Ce qui nous ramènerait, à peu près, au premier cas : vous face à lui (même s'il y a plusieurs « lui »...).

Si vous ne pouvez pas le faire, c'est que vous vous adressez à des récepteurs hétérogènes. Imaginez alors que vous fassiez une conférence : vous devriez avoir autant d'exposés, autant de discours et d'explications que d'auditeurs !

Vous souriez ? Demandez-vous donc pourquoi, quand vous venez de conclure brillamment un exposé clair et précis, on vous pose une question élémentaire... sur ce que vous venez tout juste de dire.

Demandez-vous aussi pourquoi, dans les stages ou les séminaires, les formateurs doivent « répéter dix fois la même chose » avant que leurs dix ou quinze auditeurs pensent avoir compris.

En fait, votre situation de communication est un peu plus complexe que celle que nous avons décrite. En effet, à chaque fois que vous émettez une information, vous recevez vous-même une *information en retour.* Les anglo-saxons l'appellent le *feed-back.*

Au moment du feed-back, c'est donc le récepteur qui est en situation d'émetteur et l'émetteur en situation de récepteur. Ainsi, dans un dialogue, chacun devient à son tour émetteur et récepteur, récepteur puis émetteur... On peut même dire que, par moments, chacun est en même temps émetteur et récepteur : une mimique, un geste, un froncement de sourcil – perçu ou non perçu – sont autant d'informations en retour apportées par celui qui écoute à celui qui parle. Vous apprendrez rapidement à les utiliser de façon efficace !

Dans toutes les situations de communication que vous rencontrerez, vous recevrez des informations en retour.

- Dans *la relation d'individu à individu*, le feed-back passe par les mots et les attitudes : le dit et le non-dit. Et le non-dit « en dit » souvent bien plus que le dit...
- Dans *la communication « en direct » avec un groupe* (qu'il soit de 10 ou de 500 personnes), la réaction des récepteurs vous parvient toujours si vous êtes un peu habitué à en identifier les signes : silence attentif, rumeurs, bâillements, toussotements, bavardages... Connaissez-vous « l'angoisse du conférencier » ? C'est de voir ses auditeurs, à un moment de son exposé, regarder leur montre... puis la porter à l'oreille avec une mine atterrée pour vérifier si, vraiment, elle ne s'est pas arrêtée !

La communication utile, efficiente[1], utilise systématiquement les informations en retour. Mais cette utilisation n'est possible que si leurs émetteurs sont parfaitement identifiés, sélectionnés, ou, mieux encore, complètement homogènes.

L'hétérogénéité des récepteurs est un problème capital de la situation de communication. La situation idéale est celle qui met en présence de celui qui parle un seul récepteur, ou, pour être plus juste et plus réaliste, un groupe constitué de plusieurs récepteurs homogènes. Peu importe le nombre des éléments qui constituent ce groupe : leur caractère homogène garantit qu'ils auront suffisamment de points communs forts, évidents, partagés pour

1. Nous ferons une différence entre les mots « efficience » et « efficacité ».
Nous dirons qu'un système quelconque est efficient s'il atteint les résultats pour lesquels il a été mis en place. Il atteint donc le seuil de qualité requis. Remarquons aussi en passant que le système ne peut pas être plus ou moins efficient : il l'est ou ne l'est pas, d'une façon totalement binaire.
À l'opposé, le système peut être plus ou moins efficace : l'efficacité est une valeur relative qui croît en proportion de l'importance de ce qui « sort » du système à partir d'éléments entrants qui, eux, resteraient constants.

« réagir comme un seul homme ». Les meetings politiques, les gigantesques spectacles des rock-stars modernes fonctionnent sur ce modèle.

Règle n° 2

Dans toute situation de communication, celui qui parle reçoit des informations en retour de celui (ou ceux) à qui il s'adresse. Vous devrez toujours les prendre en compte.

Choisissez bien vos cibles

Suffit-il pour autant de vous adresser à quelqu'un pour qu'il y ait communication ? Autrement dit, suffit-il d'avoir des récepteurs pour avoir des cibles ? La différence est d'importance : nos cibles sont des récepteurs, mais nos récepteurs ne sont pas tous des cibles. Alors, quelle différence y a-t-il entre l'un et l'autre ?

Les *cibles* sont des *récepteurs identifiés*, caractérisés et choisis. Eux seuls vous importent dans l'opération de communication que vous montez : c'est par rapport à eux que vous avez des résultats à atteindre et c'est sur eux – et uniquement sur eux – que vous mesurerez votre réussite ou votre échec.

Prenons un exemple simple : vous lancez un nouveau produit financier à l'intention des artisans du bâtiment. Votre première opération-test doit se faire sur Paris et la région parisienne. Vous avez donc choisi de diffuser un sujet télévisé de douze minutes sur FR3 Île-de-France en dehors des heures de programme. Un publipostage parfaitement « ciblé » a informé les artisans et les a invités à se tenir devant leur téléviseur ou à régler leur magnétoscope au jour J et à l'heure H.

Arrivent le jour J et l'heure H. Qui va effectivement regarder l'émission ?

– les intoxiqués du petit écran qui regardent tout systématiquement ;
– des « zappeurs » qui passaient là par hasard ;
– une partie de vos « cibles » (elle sera d'autant plus importante que votre publipostage aura bien fonctionné) ;
– certainement vos concurrents ;
– toute une cohorte de personnes que vous ne connaîtrez jamais...

Toutes ces catégories, totalement hétérogènes et disparates, constituent les récepteurs de votre émission. Seuls les artisans que vous avez identifiés, prévenus, invités à regarder et dont vous attendez une réaction en rapport avec votre produit, constituent vos cibles.

C'est sur eux seuls que se porte votre intérêt et par rapport à eux seuls que vous mesurerez votre succès : par exemple le nombre de coupons-réponse retournés ou d'appels à un « numéro vert ».

Les cibles seront donc une partie des récepteurs de votre communication. Plus le système de communication est précis, plus les cibles tendront à se confondre avec les récepteurs. Les manipulations informatiques de fichiers pour les opérations de V.P.C. (vente par correspondance) permettent un ciblage extrêmement rigoureux qui évite les sur-coûts d'une émission trop large[1].

Vous allez me dire que vous ne faites ni marketing direct ni V.P.C. ! Bien sûr... mais pourquoi ne pas profiter du savoir-faire et de la rigueur de ces professionnels ?

Règle n° 3

Dans une situation de communication, vous n'identifierez pas toujours tous les récepteurs. Les cibles sont ceux des récepteurs auxquels vous avez choisi de vous adresser.

1. Les spécialistes du « marketing direct » distinguent généralement plusieurs « qualités » de cibles : autour d'un noyau dur, le « cœur de cible », s'organisent des strates de cibles à importance plus faible et à moindres chances de succès. Viser au-delà du cœur de cible permet cependant soit de faire des tests sur d'autres segments d'un marché, soit de faire des économies en profitant d'effets de masse et de coûts marginaux.

Méfiez-vous des cibles « implicites »

Vous désirez vous adresser à un ensemble de personnes. Comment allez-vous savoir si, naturellement, ils constituent cet ensemble homogène, cohérent, identifié, dont vous avez choisi de faire votre cible ?

Premier problème : il n'y a pas d'ensembles de populations, même très proches, très typés sociologiquement, qui constituent, en soi, naturellement, implicitement ou automatiquement, une cible. Des ensembles sociaux cohérents, solides, comme la famille, la tribu, le métier, le service, la bande... ne constituent pas automatiquement des cibles. En d'autres termes, au sens où nous l'entendons, la « cible » est une notion relative, *uniquement liée à une opération de communication* donnée qui est elle-même définie par un moment, des endroits et, surtout, *des résultats attendus* (ce dernier point, fondamental, fait l'objet du chapitre 2).

Ceci est directement à l'origine du second problème : il faut faire le travail d'analyse des cibles pour toute nouvelle opération de communication. En effet, si l'on peut admettre *a priori* que les caractéristiques individuelles des populations concernées n'ont pas profondément évolué sur un court laps de temps, les caractéristiques de l'opération de communication (moments, lieux, résultats...) sont, elles, nécessairement différentes. Les caractéristiques des cibles sont donc à l'intersection des caractéristiques des personnes visées et des caractéristiques de l'opération de communication.

La phase de définition des cibles constituera toujours une difficulté pour les néophytes en communication : il faut aller à contre-courant d'habitudes et de pseudo-évidences.

L'habitude la plus néfaste consiste à croire qu'il n'y a pas de problème de cibles à partir du moment où l'on a quelque chose à dire !

La principale pseudo-évidence consiste à imaginer que, sous prétexte que l'on sait à qui on doit s'adresser, la question des cibles est résolue *de facto*. Dans l'un et l'autre cas les questions sont décrétées résolues avant d'avoir été seulement posées !

Caractérisez toujours vos cibles

Avant d'entrer dans la démarche méthodique d'analyse, arrêtons-nous quelques instants pour examiner les traits qui vont nous permettre de caractériser nos cibles.

Il y a là une foule d'approches possibles. Elles proposent différentes « typologies », c'est-à-dire des ensembles de caractéristiques considérées, par expérience et souvent de façon statistique, comme cohérentes.

Elles déterminent des catégories de populations parmi lesquelles on essaiera de classer les cibles comme dans autant de cases possibles.

Comme nous réfléchissons ensemble sur des situations de communication dans l'entreprise, donc sur des populations identifiables *a priori* et « captives », nous vous proposons une approche qui a l'avantage d'être totalement accessible sans information ou formation préalable, et immédiatement utilisable.

Les cibles auxquelles vous avez choisi de vous adresser ont des caractéristiques de différents types et de plusieurs niveaux.

Elles sont organisées en strates successives, en cercles concentriques, autour d'un noyau dur.

À chacun de ces cercles correspondent des caractéristiques différentes qui le plus souvent s'empilent et s'additionnent, mais parfois interfèrent les unes avec les autres.

- Le noyau dur de la cible est constitué par les *caractéristiques de la personne.* Il y a là un double aspect. D'abord un aspect proprement psychologique : la personne est unique, déterminée par son histoire biologique, son éducation, son milieu de vie personnelle. Nous nous garderons bien de jouer sur ce registre essentiellement privé. Le psychologique reste du domaine de l'intime et, s'il est impossible de l'ignorer, il n'entre pas dans nos choix de le manipuler.

  Par contre la personne évolue aussi dans un milieu socioculturel qui, lui, est visible, public donc utilisable : niveau de vie, habitudes culturelles, éducation, langage sont autant de repères et de références.

- La personne exerce des *fonctions* dans le cadre d'un *métier*. Aux fonctions sont attachées des caractéristiques techniques bien définies. Aux métiers sont attachées des caractéristiques culturelles très fortes, partagées et entretenues : la culture-métier. Elles sont la base solide de tous les corporatismes et déterminent des rites collectifs, à base de vocabulaire, de gestes, d'attitudes et de comportements.

Notez que les mêmes fonctions dans des métiers différents déterminent des caractéristiques différentes.

La culture-métier l'emporte souvent sur les composantes de la fonction.

Par exemple, un comptable dans une agence de publicité n'est pas le « même comptable » que celui qui exerce dans une PME de bâtiment.

Pareillement, les fonctions d'encadrement ne seront pas exercées de la même façon par un officier dans son régiment, dans un atelier par un contremaître ou par un ingénieur responsable de bureau d'études.

- Fonctions et métiers s'exercent *dans une entreprise*. Cette entreprise a une identité et ses caractéristiques, qu'elles soient positives ou négatives, viennent déteindre sur les autres caractéristiques.
- Enfin, la vie de l'entreprise s'exerce dans un contexte socioculturel précis, défini, au minimum par *un lieu et un moment*. Ainsi, la vie dans la filiale française d'IBM n'est pas exactement la même que celle du bureau de Hong Kong. De même, la culture IBM, pourtant très typée, très normalisée et surveillée, est en évolution permanente.

Règle n° 4

Vos cibles ont des caractéristiques multiples. Commencez par les analyser : on ne s'adresse bien qu'à ceux que l'on connaît bien !

Identifiez les caractéristiques utiles

C'est donc à chacun de ces quatre niveaux :
- la personne,
- la fonction et le métier,
- l'entreprise,
- le contexte de lieu et de moment,

que vont se déterminer les caractéristiques des cibles. Elles constituent un sous-ensemble.

Analysant les cibles à partir de cette grille, on risque de se trouver devant des listes trop importantes pour être facilement manipulables. Ajoutons que notre objectif n'est en aucun cas de nous livrer à une analyse sociologique exhaustive.

Les seuls traits caractéristiques qui nous intéressent sont ceux qui ont un rapport direct avec la situation et les objectifs de la communication sur lesquels nous travaillons.

Pour les différencier des caractéristiques générales nous les appellerons les caractéristiques pertinentes. Et il va de soi qu'elles seront bien moins nombreuses que les caractéristiques générales des cibles. Elles en constituent un sous-ensemble.

Elles auront le double intérêt d'être plus facilement manipulables et de coller exactement aux besoins d'une situation. Mais par là même elles ne seront pas utilisables dans le contexte d'une situation de communication différente.

Démarche pratique d'analyse des cibles

La démarche pratique que nous vous proposons est organisée en trois étapes. À chacune de ces étapes correspondent des questions à poser, des réponses à faire et une fiche de travail.

Première étape
Recherchez les caractères des cibles

Vous partirez, comme cela se passe le plus souvent, d'un ensemble de cibles défini par une simple liste de personnes à toucher.

Il est exceptionnel que cet ensemble se limite à une seule catégorie d'éléments (par exemple : « tous les vendeurs de l'entreprise »). Mais c'est parfois le cas et le problème de l'homogénéité n'est pas résolu pour autant. Il conviendra de se demander alors si n'est pas considéré comme une catégorie d'éléments homogènes un ensemble artificiellement regroupé en une seule catégorie et sous une étiquette trompeuse.

C'est le cas fréquent de ce qu'on appelle les « fausses cibles » qui regroupent sous des noms génériques dangereux des sous-ensembles aux caractéristiques hétérogènes ou inconciliables. Méfiez-vous des catégories de cibles comme « les clients », « les prospects », « les cadres de l'entreprise » ou, pire encore, « le grand public »... (Voir plus loin le dernier paragraphe).

Il faut alors faire exploser la fausse catégorie pour en retrouver de plus vraies, de plus pertinentes par rapport à la situation étudiée.

Chaque cible effectivement identifiée fera l'objet d'une analyse au cours de laquelle seront répertoriées *les caractéristiques partagées* à chacun des quatre niveaux identifiés :

- la personne,
- les fonctions dans un métier,
- l'entreprise,
- et les données de moment et de lieu.

Si, en fin de réflexion, vous ne découvrez pas de caractéristiques partagées, cela signifiera que vous avez affaire à une « fausse cible ».

Vous noterez ces caractéristiques générales sur une première fiche et, bien sûr, vous ferez une fiche par cible.

Avant de passer à la seconde étape, vous allez vous livrer à un petit travail qui vous sera utile par la suite. Vous indiquerez sur le document quelques conséquences évidentes des caractéristiques identifiées sur la communication à venir.

Voici quelques exemples :

- Si l'une des caractéristiques communes à vos cibles est une formation arrêtée avant la fin du secondaire cela signifiera (souvent) l'obligation pour vous d'utiliser un vocabulaire limité et contrôlé.
- L'appartenance à un métier à culture forte (droit, médecine, bâtiment, etc.) imposera le recours à un vocabulaire spécial, des cas, des exemples, des « clins d'œil » liés à ce métier.
- Une entreprise ayant une forte image de marque imposera des références constantes à un logo, des slogans, des personnes leaders, un projet.
- Enfin, l'air du temps (et du lieu) devront être pris en compte, en évitant cependant les références éculées et les lieux communs culturels devenus pesants et sans effet.

Règle n° 5

Faites toujours une fiche par cible et identifiez précisément toutes les caractéristiques de vos cibles, niveau par niveau.

Si vous n'arrivez pas à le faire, c'est que vous connaissez mal ceux à qui vous avez en projet de vous adresser. Donnez-vous alors les moyens de combler cette lacune et n'omettez jamais cette phase !

Seconde étape
Sélectionnez les caractères utiles

Vous travaillez à mettre sur pieds un système de communication. Vous en connaissez donc le contexte et les résultats attendus.

Eh bien, c'est maintenant par rapport à ces deux critères que vous allez sélectionner dans la liste précédente les caractéristiques de chaque cible qui vous paraissent pertinentes. Il s'agit en fait d'en choisir un petit nombre (en général 4 ou 5 vraiment pertinentes...) et d'éliminer celles qui sont sans intérêt par rapport à vos objectifs.

Ce travail se fait sur une autre fiche[1]. Cible par cible, selon l'ordre décroissant de l'importance que vous leur accorderez, vous classerez les caractéristiques retenues comme pertinentes. Vous indiquerez aussi à quelle catégorie elles appartiennent. De cette façon vous pourrez identifier les « dominantes » que l'on retrouvera plus tard dans la forme que prendra votre communication :
- dominante personnelle,
- dominante fonction et/ou métier,
- dominante entreprise.

Il est peu vraisemblable que l'on constate des dominantes uniquement liées au lieu et à l'endroit dans une situation de communication professionnelle et dans le cadre d'une entreprise.

Règle n° 6

L'utilisation des « dominantes » est un truc efficace et facile : vous glisserez des traces, des indices, des références à ces dominantes dans tous les éléments de votre prochaine communication.

Votre seule limite est d'ordre... moral : poussée un peu loin, cette façon de faire s'appelle complaisance ou démagogie !

Troisième étape
Contrôlez si les cibles sont compatibles

C'est au cours de cette étape que vous allez vérifier si les cibles que vous avez identifiées sont véritablement homogènes, donc compatibles. Vous saurez si vous pouvez les traiter ensemble, en les

1. Vous allez peut-être penser que nous voulons vous faire manipuler des quantités impressionnantes de papier...
Bien sûr, rien n'est obligatoire ! Ces fiches vous sont proposées pour vous aider d'abord à poser les bonnes questions au bon moment. Ensuite pour vous aider (sinon vous obliger...) à y réfléchir et y répondre. Enfin vous aider à vérifier, ou à faire vérifier par d'autres, la qualité de vos réponses.

rassemblant en un « groupe-cible » unique ou si, au contraire, il faudra les traiter de façon disjointe.

Dans le premier cas, vous avez à mettre sur pieds un seul système de communication. Dans l'autre vous devrez ou bien ne conserver qu'une cible (celle que vous jugerez prioritaire) ou bien bâtir autant de systèmes qu'il y aura de cibles retenues. Interviendront ici, évidemment, des questions d'objectifs, de délais et de budgets. Au cours de cette étape, vous travaillerez en trois temps :

- Vous identifierez d'abord *les caractéristiques partagées* par les différentes cibles.
- Vous examinerez ensuite si elles sont *en relation directe* avec votre situation et vos objectifs de communication.
- Enfin vous regarderez si aucune des caractéristiques essentielles de vos cibles *ne sont opposées* d'une cible à une autre. Ceci les rendrait automatiquement incompatibles dans une même opération de communication.

Bien sûr, vous n'utiliserez pas un document par cible, comme vous l'avez fait précédemment, mais un seul qui regroupera et visualisera les informations des premiers documents.

Règle n° 7

Vous ne pouvez parler ensemble qu'à des cibles qui partagent des caractéristiques communes en rapport avec l'objet de votre communication.

Une fois terminé ce travail, vous saurez véritablement à qui vous devez parler, pourquoi et, si vous faites des choix un peu audacieux, avec quels risques.

Avant de passer au deuxième chapitre, jetons un rapide coup d'œil sur... ce qu'il faut éviter de faire !

Les pièges et les fausses cibles

Nous disions plus haut qu'il n'y a pas de cibles ou de groupes-cibles standards ou systématiques. Il faut donc éviter de tomber dans les catégories habituelles des populations d'entreprise. Des groupes comme « cadres/non-cadres », « maîtrise/ouvriers », « commerciaux/techniciens », etc., ne sont pas toujours pertinents. Or, au moment où l'on commence ce travail d'analyse des cibles, on a toujours tendance à s'accrocher à des catégories existantes. Retenez qu'elles peuvent être pertinentes mais que, le plus souvent, elles ne le sont pas.

Règle n° 8

N'utilisez jamais les catégories standards en usage dans les entreprises. Faites toujours votre propre analyse.

Comment le savoir ? Tout simplement en évitant toute généralisation pour mener la réflexion dans le cadre du problème posé. On déterminera des groupes-cibles pertinents relatifs à une seule situation : celle sur laquelle on travaille.

Le second risque consiste à traiter des groupes-cibles tellement généraux qu'ils en deviennent abstraits ou atypiques. Des cibles définies par des étiquettes comme « le grand public », « les clients » ou « l'ensemble des personnels de l'entreprise » sont dangereuses et très certainement peu manipulables. Elles déterminent des systèmes de communication peu efficaces.

Règle n° 9

Le « grand public », « les clients » ou « l'ensemble du personnel de l'entreprise »... n'existent pas dans une démarche de communication ! À vouloir s'adresser à tout le monde en même temps, on finit par ne parler à personne.

Le problème du ciblage sera repris dans les prochains chapitres sous un angle nouveau. En effet, ce n'est pas tout de définir un groupe-cible homogène. Encore faut-il pouvoir le viser et le toucher...

Se poseront alors des questions relatives aux techniques d'émission ou de diffusion des informations. Car, s'il est simple d'envoyer une note circulaire dans l'entreprise ou même de réunir une convention de collaborateurs ou de clients, la diffusion des informations à des populations non captives ou très réparties géographiquement pose des problèmes logiques et techniques qui méritent un examen plus approfondi. Nous en reparlerons plus loin.

Pour le moment, nous considérerons que vous en savez assez pour passer à la suite !

Si vous n'en êtes pas tout à fait sûr vous-même, vous pouvez faire quelques-uns des exercices proposés dans les pages suivantes et vous entraîner un peu...

Entraînez-vous

Voici quelques thèmes d'opérations, d'outils ou de systèmes de communication très simples.

Choisissez-en un (ou plusieurs, mais les uns après les autres) et livrez-vous à une « analyse des cibles » méthodique appuyée sur la démarche en trois étapes et les trois fiches proposées.

- L'envoi de vos vœux d'entreprise à vos clients et à vos fournisseurs.
- Le dernier exposé que vous avez fait.
- Votre prochaine réunion de service.
- Une plaquette présentant votre entreprise ou votre métier.
- Une plaquette produit.
- Votre prochain devis.
- Votre argumentaire commercial.
- La création d'un site ou d'un « newsgroup » sur Internet (voir chapitre 7).

Si vous n'avez que cinq minutes

- Si vous n'êtes pas capable d'identifier exactement ceux à qui vous allez vous adresser, alors ne faites rien !
  Vous devez savoir :
  - qui ils sont ;
  - combien ils sont ;
  - où ils sont ;
  - quelles sont les caractéristiques essentielles qu'ils partagent ;
  - quels sont les traits qui les opposent.
- Si les traits qui les opposent sont plus importants que ceux qu'ils partagent, ne les rassemblez pas dans un groupe-cible : différenciez-les et faites autant de systèmes de communication que vous aurez retenu de groupes-cibles.
- Pour connaître la démarche pratique d'analyse des cibles, lisez le paragraphe « Démarche pratique d'analyse des cibles » (page 18).

Chapitre 2
Soyez certain des résultats que vous voulez obtenir

Suivre ou conduire... il faut choisir !

Une action de communication, vous le savez depuis le premier chapitre, s'adresse toujours à quelqu'un de précis, défini, identifié... Savoir à qui l'on parle et le connaître est donc un préalable à toute communication efficiente. C'est là, vous vous en doutez bien, une condition nécessaire mais non suffisante. Intervient alors la seconde question à se poser : celle des buts de la communication, *des résultats que vous en attendez.*

Combien de fois avez-vous été témoin (ou acteur !) d'une action de communication inutile, décevante ou ratée faute d'avoir, en amont, défini strictement les résultats que l'on en attendait.

Rappelez-vous ces réunions de service ou de « staff » au cours desquelles le patron pontifie ou assène des vérités inutiles ou soporifiques. L'effet essentiel de ces incantations narcissiques se limite à quelques jolis dessins géométriques laissés dans la marge de feuilles de notes inutiles par des plumes distraites, lasses ou résignées...

Rappelez-vous aussi ces « grand-messes », ces *corporate meetings,* ces conventions de cadres où le président, entouré de son état-major, empesé de suffisance et d'émotion, détaille les chiffres indigestes et obscurs de résultats que tout le monde connaît déjà. Mais l'orateur se fait tellement plaisir...

Combien encore de journaux d'entreprise, sur papier, écran vidéo ou écran d'ordinateur, meurent d'inanition après quelques numéros laborieux, parce que personne ne sait exactement ce qu'on peut en attendre et ce qu'on veut en faire.

Combien, enfin, de sites Internet institutionnels dans lesquels on navigue sans cap et dont on ressort déçu sans avoir la moindre idée de ce que l'on pouvait y trouver...

La communication n'est pas une gourmandise pour hiérarque en mal d'émotions fortes, ni une fin en soi. Elle sert des intérêts, elle permet d'obtenir des résultats dont elle ne sera jamais que le moyen, l'instrument.

Règle n° 1

Si vous ne savez pas dire exactement ce que vous attendez d'une action de communication, arrêtez tout !

Avant d'aller plus loin, définissez les résultats que vous voulez obtenir pour chacune de vos cibles.

La communication ne se constate pas ; on ne la suit pas : on la conduit, on la pilote jusqu'à l'obtention des résultats définis pour lesquels on a bâti et mené l'ensemble de l'opération.

La communication qui marche est un processus de transformation

La communication *est toujours coûteuse*, que ce soit en temps ou en argent. Elle ne va pas non plus toujours sans risques. Elle ne se justifie donc que par rapport aux résultats que l'on veut en obtenir. Elle constitue en quelque sorte un investissement. Et qu'est-ce qui justifie un investissement sinon le retour sur investissement, c'est-à-dire le résultat atteint ?

Le résultat attendu est la transformation décidée de l'état initial des cibles auxquelles vous vous adressez : on organise une opération pour que, après qu'elle se soit déroulée, les destinataires soient différents de ce qu'ils étaient avant. La communication peut donc se définir et, par là même s'étudier et s'organiser, comme *un processus de transformation des cibles.* Il devient alors possible – et nécessaire – d'en rationaliser et d'en systématiser l'approche.

Règle n° 2

Communiquer, c'est exercer sur les cibles que l'on a définies une action destinée à les transformer de la façon que l'on a choisie.

Tout processus de transformation peut être décrit par cinq paramètres :
- les éléments en « entrée » du processus,
- les éléments en « sortie » du processus,
- les critères de réussite de la transformation,
- la séquence d'actions composant le processus proprement dit,
- les différents moyens mis en œuvre pour ces actions.

Évidemment, vous connaissez déjà bien l'un de ces paramètres. Allons ! Vous hésitez ? Bien sûr, il s'agit des éléments en entrée : ce sont vos cibles, dans leur état initial, avec leurs différentes caractéristiques étudiées au chapitre précédent. C'est le deuxième paramètre qui nous intéresse directement ici : les éléments en « sortie » du processus. Ils représentent l'état de vos cibles après la transformation. Et le résultat à atteindre, c'est bien la différence entre l'état d'entrée de vos cibles et leur état de sortie ! Il peut s'agir d'un savoir nouveau, d'un différent comportement, d'un changement d'état d'esprit, d'une émotion partagée, d'une adhésion à un projet, ou mille autres choses encore...

Et pour travailler le plus rationnellement possible, nous allons, en définissant les résultats que nous voulons obtenir, préciser en même temps les mesures qui nous permettront d'affirmer que l'opération est une réussite, une demi-réussite ou un échec. Ce sont les « critères de réussite » évoqués plus haut.

Voilà donc la réflexion que nous allons mener : connaître, définir et exprimer, d'une part, les résultats attendus et, d'autre part, les mesures de la réussite.

Démarche pratique pour exprimer les résultats que vous attendez

Si nous préférons le mot « résultats » au mot « objectifs », c'est pour son côté concret, descriptible, mesurable. Nous allons donc retrouver ce côté précis et pragmatique dans la façon même de décrire ces résultats.

Mais attention ! vous ne pouvez décrire méthodiquement que ce que vous avez auparavant choisi... Lapalissade ? Pas du tout ! Il est fréquent que des actions de communication soient engagées sans que leurs résultats aient été étudiés. Et comment, alors, décrire, même avec la meilleure volonté du monde, ce qui n'existe pas ? Un préalable donc : savoir ce que vous voulez !

Vous étudierez ces résultats cible par cible. Il est en effet possible que, pour les différentes cibles retenues, vous attendiez des résultats qualitativement ou quantitativement différents. Une action d'information peut, par exemple, viser à informer l'encadrement d'une force de vente, motiver les vendeurs, amener un changement de comportement et de méthode au service d'expédition et des équipes de maintenance. Bien sûr, les critères de mesure de la réussite ne seront pas les mêmes dans les uns et les autres cas.

Vous allez, pour chaque cible, mener une réflexion à trois niveaux :

- Décrire les résultats attendus
- Décrire les critères de réussite.
- Vérifier la cohérence des différents résultats.

À la fin de ce travail, vous aurez d'abord clairement défini où vous allez. Vous saurez ensuite comment être sûr que vous y êtes bien parvenu. Enfin, vous aurez pu vérifier que les résultats attendus pour les différentes cibles ne sont pas incompatibles, donc impossibles à atteindre ensemble. Si vous constatiez un tel cas, vous seriez contraint de bâtir plusieurs opérations de communication différentes. Vous allez maintenant procéder en trois étapes.

Première étape
Décrivez les résultats que vous voulez atteindre pour chaque cible

Pour éviter le piège d'une formulation ambiguë ou trop vague, vous décrirez ces résultats en utilisant :
- du vocabulaire concret,
- des phrases commençant par « être capable de... » ou « être en état de... », suivies de verbes d'action.

Pour exprimer les résultats que vous attendez, méfiez-vous des expressions comme :
- être plus motivé dans son travail,
- être mieux informé,
- être plus dynamique,
- mieux vendre,
- mieux connaître l'entreprise,
- avoir un esprit d'équipe,
- être informé de la vie du service,
- faire sien le Projet d'Entreprise,
- « resserrer les boulons »...

Vous leur préférerez des expressions plus précises et plus mesurables comme :
- être capable de situer sa place et son rôle dans le processus de production ou de vente,
- être capable de présenter l'entreprise à ses clients,
- être capable d'augmenter son chiffre d'affaires personnel de 3 %,

- être capable de transmettre aux autres des informations utiles et de leur en demander,
- être capable d'appliquer dans son travail les points pertinents du Projet d'Entreprise,
- être capable d'appliquer dans son service les réductions budgétaires imposées,
- être capable de mettre en œuvre telle procédure de la politique qualité,
- être capable d'actualiser telle rubrique du site Internet de l'entreprise.

Règle n° 3

Décrivez toujours les résultats que vous attendez avec du vocabulaire précis, concret et, si possible, des verbes d'action.

La nature et la définition des résultats restent de votre seule responsabilité. Mais leur formulation obéit à ces quelques règles utiles et décapantes. Elles vous obligent à être à la fois précis et réaliste. Les abstractions, diversement interprétables, sont la source de toutes les confusions et des unanimités factices donc dangereuses.

Si, malgré vos efforts, ce que vous attendez de votre action de communication échappe à une formulation de ce type, demandez-vous si ce ne sont pas, tout simplement, de faux résultats qui cachent votre seule envie de vous exprimer ou celle de votre commanditaire. Vous seriez donc, dans ce cas-là, dans le registre du soliloque ou de l'incantation et fort loin de celui de la communication utile.

Règle n° 4

Si vous ne pouvez pas exprimer les résultats que vous attendez de façon concrète, voire mesurable, demandez-vous si vous savez vraiment où vous allez !

Deuxième étape
Définissez les critères de réussite

À chacun des résultats ainsi formulés, vous allez maintenant associer des moyens de mesure, si possible étalonnés, qui vous permettront de vérifier vos résultats.

Deux types de mesures sont possibles.

- **Des mesures quantitatives**

Vous identifiez des points de mesure, les « sondes », et vous fixez des valeurs « seuil ». Si la mesure atteint ou dépasse cette valeur, le résultat sera considéré comme obtenu. Voici quelques exemples de sondes :

- tous les cadres commerciaux doivent être capables de présenter exactement la structure financière de l'entreprise ;
- tous les personnels en contact avec les clients doivent connaître le cours hebdomadaire de l'action ;
- tous les cadres doivent utiliser leur messagerie sur Intranet ;
- 70 % des personnels de l'usine doivent être capables de situer leur travail dans le processus complet de production ;
- tous les commerciaux doivent connaître 90 % des produits concurrents ;
- l'absentéisme doit passer de 15 % à 5 %, etc.

Vous définirez en même temps les moyens techniques (tests, questionnaires, enquêtes, interviews téléphoniques, etc.) et les échéances de mesure (essentiellement court terme et moyen terme).

Règle *n° 5*

Si vous ne pouvez pas quantifier la mesure des résultats que vous attendez, balisez la réussite de votre opération avec des indicateurs qualitatifs : l'apparition de « faits significatifs ».

- **Des mesures qualitatives**

Certains résultats attendus échappent à des mesures quantitatives étalonnables. On utilisera alors à leur place des « faits significatifs observables ». Il s'agit de choisir et d'identifier des faits ou des événements dont l'apparition sera considérée comme le signe, ou le révélateur, que l'opération est effectivement réussie. Voici quelques exemples de « faits signicatifs » :

- émergence de demandes spontanées de formation ;
- demande de mutations géographiques dans une entreprise à personnel peu mobile ;
- émergence d'un actionnariat d'entreprise volontaire ;
- prise en charge, par la hiérarchie, de l'information des équipes de production ;
- émergence de suggestions spontanées d'amélioration du processus de production ;
- utilisation du poste d'autoformation multimédia, etc.

Dans ces différents cas, certains éléments sont non mesurables par nature, d'autres difficilement quantifiables de par leur trop grande nouveauté. Ils pourront peut-être devenir plus tard, après un stade d'observation et d'analyse, des indicateurs quantitatifs.

Dans le cas des indicateurs qualitatifs, vous préciserez également à quelle échéance l'apparition ou l'absence de ces faits significatifs seront considérées comme révélateurs du succès ou de l'échec de votre opération de communication.

Règle n° 6

Tous les résultats que vous choisirez d'atteindre devront pouvoir être vérifiés et confirmés.

Vous devrez donc pouvoir dire comment il est possible de le faire.

Troisième étape
Vérifiez la cohérence des différents résultats obtenus

Vous disposez maintenant d'une liste de résultats attendus pour chaque cible préalablement identifiée.

Vous allez les examiner et vous poser les deux questions suivantes :

- D'abord, les résultats attendus ne sont-ils pas *trop nombreux* ?

À vouloir tout faire (ou seulement trop faire...) on risque de tout rater par excès d'ambition ! Dans ce cas, classez vos attentes par ordre décroissant d'importance stratégique et coupez dans ce qui est accessoire ou seulement moins prioritaire.

- Ensuite, les résultats attendus sont-ils *compatibles* entre eux ?
  En effet, si vous cherchez à atteindre, pour différentes cibles, des résultats contradictoires, vous risquez d'écarteler votre opération et de la rendre impossible.
  La raison en est simple à saisir : à un type ou une famille de résultats attendus seront associés, dans une stratégie, des registres, des ressorts et des moyens de communication. Or, vous ne pourrez pas utiliser à un même moment des stratégies contradictoires.
  Là encore, si le cas se présente, vous devrez être sélectif et choisir d'abord les cibles et les résultats prioritaires.

Résultats attendus et « contenu » de la communication

Vous savez que la communication est un processus de transformation des cibles. La nature du résultat, c'est-à-dire la différence entre l'état « avant » et l'état « après », peut être de deux ordres ou de deux types.

Le premier type de transformation repose sur le transfert et l'acquisition d'un « contenu » : c'est la communication de type informatif. Le critère de réussite sera l'appropriation et, le plus souvent, une mise en œuvre définie de ce contenu, qu'il s'agisse de savoir ou de savoir-faire. C'est une transformation par acquisition donc une communication centrée sur le message.

Le second type de transformation repose sur la modification de l'état (cette fois en termes de différences et non d'acquisition) des cibles. Le critère de réussite est l'apparition d'attitudes ou de réactions nouvelles à des situations ou des stimulus identifiés. C'est une transformation par différenciation donc une communication centrée sur les cibles. Ici, le message (et il en faudra bien un !) est plutôt moyen ou prétexte.

Bien sûr, entre le premier type et le second, il y a peu de compatibilité : les registres sont très différents ; les moyens et les règles aussi.

Le transfert d'information impose d'emblée un registre explicatif, analytique, pédagogique et serein. Les modifications d'état d'esprit et de comportement exigent un registre émotionnel et manipulateur. Si elles peuvent prendre l'information comme prétexte, c'est avec un traitement « choc » et une mise en scène séductrice. La confusion des deux registres amène généralement des opérations à tonalité bâtarde et très faible rendement.

Combien de fois avez-vous assisté à une conférence faite par un orateur trop brillant et trop manipulateur ? Il obtient toujours les applaudissements euphoriques de son auditoire. Mais, une fois passé l'enthousiasme facile de la péroraison soignée, demandez-vous quels étaient les points forts et les messages importants de l'exposé ! Vous vous ferez souvent cette réponse : « L'exposé et l'orateur furent brillants... Mais qu'ont-ils dit d'important ? »

On peut encore faire ce type de remarque pour des séminaires animés par des intervenants vedettes ou séducteurs, pour des publicités brillantes dont l'éclat fait oublier l'annonceur ou encore pour les « grand-messes d'entreprise » où l'on fait chauffer, avec des trucs de show-biz, des salles émoustillées dont l'enthousiasme retombera, faute de matière, comme un mauvais soufflé, dès la fin du cocktail de clôture...

Les pièges et les « faux résultats »

Le principal piège de la communication, nous l'avons déjà rencontré au premier chapitre en évoquant les cibles. Nous le rencontrons de nouveau ici : il s'agit de la communication « nombrilo-centrée », celle dont les seuls résultats attendus identifiables se situent au niveau de l'émetteur et de son « ego ».

Ces opérations sont souvent décidées par les autorités hiérarchiques à la fois soucieuses de s'autoproclamer et peu susceptibles, ès qualité, d'être contestées ou contredites dans leur action. Leur résultat essentiel réside dans la satisfaction narcissique de faire parler de soi. Sont-elles génératrices du moindre effet ? On peut en douter à juste titre. Cette communication peut prendre différentes formes : par exemple les conventions triomphalistes, les films dits d'entreprise, les plaquettes publicitaires de luxe et, souvent, les journaux internes... Sans doute représentent-ils encore, à l'instar des « danseuses » d'autrefois ou des voitures de fonction, un luxe toléré qui, hormis son coût, ne fait en fin de compte, ni grand bien ni grand mal à l'entreprise.

À l'opposé de cette communication sans résultats attendus se situe la communication trop ambitieuse : celle qui, sous prétexte d'urgence ou par souci d'économie, veut atteindre des résultats souvent incompatibles et, de toute façon, bien trop nombreux.

Vous avez déjà rencontré de ces opérations qui veulent à la fois informer, motiver, augmenter les ventes, mobiliser, créer des relations... Mais qui trop embrasse, mal étreint ! Et à vouloir tout faire à la fois, vous n'arriverez à rien. Alors, choisissez un ou deux résultats importants. Exprimez-les précisément. Définissez les critères de réussite... et oubliez tous les autres. Ne vous laissez jamais influencer par ceux qui vous suggéreront de « profiter de l'opération pour... » ou de « faire en même temps un petit truc supplémentaire... ». Soyez intraitable sur les dérives possibles et tenez-vous-en aux résultats que vous avez retenus.

Règle *n° 7*

Ne demandez jamais à une opération de communication d'atteindre des résultats nombreux et contradictoires.

À vouloir le faire, vous n'en atteindrez aucun !

Alors, faites des choix...

Dans le même ordre d'idée, et souvent liés à des résultats trop nombreux, se situent les résultats « patch-work » : une collection hétéroclite de buts à atteindre tellement disparates qu'ils n'ont aucune chance d'être atteints en même temps.

Par exemple, vous aurez beaucoup de mal à faire fonctionner une opération qui vise en même temps à informer, à faire passer des savoirs différents, des savoir-faire et, en même temps, à modifier des opinions, des attitudes et des comportements... Là encore, vous devrez sélectionner et vous en tenir aux priorités.

Les résultats attendus « pervers » sont de nature différente : ils consistent à se faire croire qu'une opération de communication peut résoudre des questions ou des problèmes qui sont d'un autre ordre, par exemple des mauvais choix stratégiques, des mauvais résultats commerciaux ou des problèmes de management. La communication est alors soit une fuite devant les vraies questions soit, encore, une malhonnêteté... Même si les pratiques publicitaires peuvent en donner parfois l'impression, il y a peu de chance d'atteindre de bons résultats à partir d'une « mauvaise » situation. En tout état de cause, la communication ne résoudra rien du problème de fond. Elle risque, au mieux, de le maquiller provisoirement et, au pire, de faire exploser aux yeux de tous les problèmes que l'on voulait cacher.

Il y a un dernier point dont vous devez vous méfier : ce sont les résultats en « dominos chinois[1] ». Vous savez de quoi il s'agit : on pose verticalement, les uns à côté des autres, des dominos. La chute du premier entraîne celle de tous les autres. Dans une opération de communication de ce type, vous visez une cible avec comme résultat attendu qu'elle agisse à son tour sur une autre cible, qui pourrait elle-même, à son tour, agir sur une troisième, etc. Intellectuellement, ces opérations sont très séduisantes.

1. On pourrait les appeler maintenant les « morceaux de sucre japonais » depuis l'extraordinaire spot publicitaire produit par les sucriers français... Des centaines de milliers de sucres, savamment agencés par les experts passionnés d'un club japonais, s'entraînaient les uns les autres dans une merveilleuse chute sans fin.

Règle n° 8

Méfiez-vous des résultats « en chaîne » : il suffit qu'un maillon un peu plus faible vous lâche pour que la chaîne se rompe et que l'opération soit inefficiente.

On a souvent recours à elle quand on s'adresse aux « leaders d'opinion », aux préconisateurs[1], aux médias[2], en « pré-mâchant » et en calibrant des messages destinés à leurs interlocuteurs.

Le danger principal de cette communication en chaîne est que, justement, on n'en maîtrise pas tous les maillons : on ne peut agir avec certitude (et encore, soyons prudents !) que sur le premier. Ensuite peuvent intervenir des éléments parasites qui feront dériver la communication dans des directions non souhaitées. Contrairement au « billard double ou triple bande », la communication n'est jamais purement mécanique. La liberté, l'autonomie ou des erreurs des cibles-relais peuvent mener à des résultats finaux différents de ceux que vous attendiez.

Entraînez-vous

Vous avez travaillé, à la fin du chapitre précédent, sur quelques cas d'analyse de cibles correspondant à des situations de communication classiques.
Reprenez vos travaux. En regard de chaque cible analysée, vous allez maintenant préciser :

- Les résultats que vous attendez de la communication : classez-les par ordre décroissant d'importance ;
- Les moyens de mesure (sondes quantitatives et/ou qualitatives) de ces résultats ;
- Les critères de réussite (seuils) de l'opération.

1. Cette méthode est fréquemment utilisée pour, à travers des vendeurs ou des revendeurs, faire passer aux clients ou aux utilisateurs finaux des messages précis sur une marque ou un produit.
2. C'est le principe des relations-presse ou des relations publiques : réunions de presse, communiqués ou dossiers s'adressent, à travers les relais journalistiques, aux destinataires finaux.

Si vous n'avez que cinq minutes

- Si vous n'êtes pas capable de définir précisément, pour chacune des cibles retenues, les résultats que vous attendez de la communication, n'allez pas plus loin !

  Vous devez pouvoir préciser :
  - en quoi vos cibles seront différentes après l'opération de communication ;
  - comment vous mesurerez cette différence ;
  - à quel moment le résultat sera considéré comme atteint.

- Si vous voulez atteindre trop de résultats à la fois ou des résultats trop disparates, classez-les par ordre décroissant d'importance et ne conservez que ceux qui vous semblent les plus importants ou les plus stratégiques pour vous ou votre commanditaire.

- Pour connaître la démarche de travail sur les résultats attendus, lisez le paragraphe « Démarche pratique pour exprimer les résultats que vous attendez » (page 29).

Chapitre 3
Sachez exactement de quoi vous allez parler

Soyez sûr de ce qu'il y a à dire...

Méfiez-vous toujours des évidences ! Un titre ne veut pas dire grand-chose et il n'y a pas de sujet « en soi ». Un prétendu « contenu » peut en cacher un autre et un thème peut être traité de cent ou mille façons différentes qui, pour la majorité d'entre elles, décevront voire rateront les cibles.

Alors, s'il n'est pas une question de titre ni un problème de « sujet », qu'est-ce donc que le contenu de la communication ? C'est le résultat d'une première réflexion sur le sujet à partir de trois critères : les résultats attendus de la communication, les cibles et les moyens dont on pense, à ce stade, pouvoir disposer pour l'opération.

Partez du principe que tout sujet que vous voulez traiter possède *a priori* une étendue, une dimension « infinies » : et comme l'infiniment grand est difficilement manipulable, votre premier travail va consister à lui donner taille humaine, donc à le réduire, à le borner (exactement comme, en posant deux points sur une droite, on borne un segment...), en fonction de deux critères qualitatifs et d'un critère quantitatif.

En effet, vous avez décidé (au chapitre 2) d'obtenir un certain nombre de résultats précis. Vous allez donc délimiter votre sujet d'abord en fonction de ces résultats. Tout ce qui ne peut pas, d'une façon ou d'une autre, vous aider à y parvenir est en trop.

> **Règle n° 1**
>
> Aucun contenu de communication ne va jamais de soi.

Dans le même ordre d'idée, vous vous adressez à des cibles identifiées, donc tout ce qui est en dehors de ce que vos cibles sont capables d'entendre et de comprendre doit être supprimé. Voilà une seconde façon de réduire l'étendue de votre sujet et de le borner.

Enfin, votre communication va se situer dans un contexte qui, de fait, déterminera des contraintes quantitatives : contraintes de temps (par exemple la durée d'une opération, d'un discours ou d'un film) ou contraintes d'espace (par exemple le nombre de pages d'une note ou d'une brochure).

Bien sûr, cette première « taille » dans le sujet sera approximative. Vous aurez l'occasion de la mettre au point et de la parfaire plus tard, après vous être livré à l'analyse et à la restructuration du contenu complet de votre communication.

> **Règle n° 2**
>
> Définir son sujet, c'est le délimiter.

Analyser, c'est mettre à plat le contenu

Une fois délimités approximativement les premiers contours de votre message, vous allez en approfondir l'intérieur : il s'agit ici de lister tout ce que vous devrez dire pour parvenir à vos résultats. Vous produirez ainsi une liste de tous les éléments constituant votre message. Nous les appellerons les « concepts », en retirant à ce mot son sens exclusif d'abstraction. Le contenu de votre communication sera donc un ensemble fini et maîtrisé de concepts.

Pour dresser cet inventaire vous rechercherez d'abord des sources. Ce peut être des personnes (vous-même ou des experts) ou encore des « mémoires » (documents divers, bases de données). Paradoxalement, si vous êtes détenteur du contenu, c'est là que vous aurez le plus de difficultés : il est délicat et dangereux de se retrouver juge et partie... Alors, attention aux « non-dits » et aux fausses évidences qui ne sont évidentes que pour vous ! Dans ce cas, vous avez tout intérêt à vous faire interviewer par une tierce personne, si possible ignorante du sujet, pour vous poser toutes les questions utiles : celles que se posent vos cibles et que vous risqueriez d'oublier.

Si le détenteur des informations est autre que vous, ce sera votre rôle de « l'accoucher » des concepts constitutifs du message. Vous utiliserez alors les méthodes habituelles pour ce type d'opération : questionnaires, analyse par association d'idées ou approfondissement dychotomique[1].

Une question se posera très vite à vous au cours de ce travail : jusqu'où faut-il pousser cet approfondissement ? Ce qui revient à demander quelle est la limite à laquelle il faut arrêter une analyse et une décomposition qui, par définition, peuvent être poussées de façon infinie.

Pour répondre vous reviendrez aux trois critères que nous avons déjà utilisés pour la première délimitation des contours du sujet. La confrontation avec les résultats que vous attendez et la capacité de compréhension de vos cibles apportent une première limite : il y aura toujours un moment où un approfondissement supplémentaire, loin d'apporter quoi que ce soit d'utile, compliquera, détournera ou perturbera le sujet. De la même façon, chaque niveau supplémentaire d'analyse augmente la quantité totale des choses à dire, donc les dimensions de votre opération. Les limites quantitatives que vous lui connaissez doivent donc aussi vous arrêter dans la démarche d'analyse. La taille du contenu définitif sera

1. On appelle approfondissement dychotomique d'un sujet la démarche qui consiste à systématiquement décomposer chaque élément identifié en plusieurs autres (deux au minimum), qui, à leur tour, pourront être décomposés, etc.

ainsi liée à la prise en compte, selon un dosage propre à chaque cas, de ces trois contraintes. La logique de l'hypertexte et de l'hypermédia se prête très bien à l'analyse, à l'éclatement puis à la structuration d'un contenu quelconque. Il s'agit d'abord d'émietter un sujet puis de créer des « liens » entre les morceaux (voir le chapitre 7 et le chapitre 8).

La formulation initiale des informations que vous avez à transmettre sera toujours liée aux « supports » sur lesquels vous irez les chercher : qu'il s'agisse de personnes, de documents ou de bases de données, vous trouverez le plus souvent un langage de spécialistes, des discours hiérarchiques ou hermétiques. Au moment d'en mettre les éléments en fiches, vous devrez donc en « transcoder » le contenu dans un langage recevable et compréhensible par vos cibles. Faute de cette traduction, qui n'est en rien un affaiblissement ou un détournement du sens (même si les experts la considèrent souvent comme une trahison !), vous n'avez aucune chance d'être entendu. Les données culturelles et techniques qui vous permettront de faire ce travail sont directement issues de l'analyse des cibles.

Organisez votre discours

Après la mise à plat de ce que vous avez à dire, vous disposez d'une liste, en vrac, de concepts, c'est-à-dire de morceaux, d'éléments de votre discours. En quelque sorte, c'est un contenu « en miettes ». Notez au passage que la déstructuration qui s'est produite au cours de l'analyse et de la mise à plat est importante : en faisant exploser le sujet, vous vous êtes débarrassé des modèles de structure et de présentation propres aux personnes et aux supports auxquels vous avez emprunté les informations. En effet, rien ne prouve que ces modèles auraient convenu *a priori* aux choix que vous ferez plus tard en matière de stratégie, scénario et moyens. Il est donc prudent de commencer par les abandonner, quitte, ensuite, à y revenir.

Toute communication est un « discours », au sens général que la rhétorique donne à ce terme : un parcours cohérent, logique, constitué d'étapes et de moments chaînés les uns aux autres, sans solution de continuité. C'est à ce parcours-discours que vous inviterez vos cibles, quels que soient les supports que vous serez amené à choisir ensuite. Après avoir déstructuré ce que vous avez à dire, vous êtes libre pour construire un discours cohérent selon le modèle qui vous paraîtra le plus solide et le plus fort.

Règle n° 3

Le « discours » de votre communication, c'est l'ensemble de ses concepts associé à une structure forte que vous choisissez.

Pour faire cette opération de montage des briques de contenu dont vous disposez, vous pouvez procéder de deux façons différentes. Notons en passant qu'une troisième façon pourrait consister à utiliser conjointement les deux premières...

- **Première possibilité** : vous construisez une structure propre à la matière elle-même. Cela revient à articuler logiquement tous les concepts entre eux dans une chaîne, sans rupture ni maillon faible, depuis un premier et jusqu'à un dernier. Différents modèles, empruntés eux aussi à la rhétorique, sont possibles :

– *Du plus simple au plus compliqué...* Vous partez, par exemple, des prérequis (partagés, par définition, par vos cibles) pour monter toute la structure logique vers son élément final. C'est une organisation pédagogique, en « petit pas ».

– *De la conclusion vers les prémisses...* Vous partez de la fin pour présenter tous les éléments qui vous ont autorisé une telle conclusion. C'est une structure qui permet les effets de choc.

– *Selon un cheminement démonstratif...* Chaque étape est une micro-démonstration (par exemple un syllogisme du type « si..., et si..., alors... »). Les conclusions partielles de l'une servent de point de départ à la suivante, et ainsi de suite. C'est une structure très convaincante, mais souvent un peu lourde.

Il existe bien d'autres modèles et il est impossible de dire que l'un d'eux est meilleur que les autres : le bon sera celui que vous sentirez le plus efficient pour atteindre vos résultats et le plus conforme à vos cibles. Vous serez le plus souvent amené à panacher différents modèles et à construire un discours à plusieurs facettes.

- **Deuxième possibilité** : toutes les tentatives pour monter un modèle logique vous semblent avoir échoué. La cohérence de l'ensemble ne vous paraît pas assez solide. Il faut donc trouver un ciment extérieur à toutes vos briques de contenu. L'expédient le plus simple, en même temps que le plus usuel, consiste à inventer une « histoire » qui liera les éléments de façon, certes, artificielle, mais solide. C'est par exemple le ressort essentiel de la communication audiovisuelle : le scénario.

Un autre ciment peut être trouvé dans la mise en scène d'une opération plus spectaculaire. Il faut cependant rester conscient de l'aspect un peu artificiel, parce qu'uniquement formel, de ce type de structure. Son effet pervers est le risque que la séduction de la seule forme prenne le pas sur les messages proprement dits : « Quelle superbe (ou amusante, ou passionnante, ou effrayante) histoire ! Mais, au fait, de quoi parlait-elle ? » Si l'histoire, ou tout autre souci de formalisation, en vient à parasiter le contenu du votre discours, vous risquez fort de ne pas atteindre les résultats attendus.

Règle n° 4

Organisez toujours les concepts indépendamment des moyens qui serviront à les traiter.

Limitez votre discours

Vous avez déjà délimité le contenu de votre communication avant de lui chercher une structure. Très souvent, cette première taille s'avère insuffisante et il convient de se reposer la question des limites par rapport à la structure retenue. N'oubliez pas que l'on a toujours tendance à vouloir trop en dire et à faire passer trop de messages. Or, tout ce qui est en trop perturbe la bonne marche de votre communication : vous risquez, par crainte ou par excès, de submerger vos cibles et de les faire passer à côté de l'essentiel. Si certains éléments ont du mal à s'intégrer dans l'ensemble, posez-vous le problème de leur opportunité. Si la démonstration fonctionne mal par endroits, n'hésitez pas à tailler encore dans votre contenu. Évitez les redites, évitez les faiblesses : votre structure ne doit être ni grasse ni redondante, mais ferme et musclée.

Vous pouvez, si le contexte de votre opération s'y prête, construire des discours « à plusieurs vitesses » et à chemins différents : le noyau dur sera constitué d'une ossature minimum et, sur ce minimum, vous brancherez des « options » constituant un ou plusieurs niveaux différents, correspondant à des attentes, des résultats voire des cibles différents. En fonction des circonstances, vous aurez soit des « chemins de traverse » proposés, soit des compléments à l'information imposée.

Par exemple, pour présenter un projet d'entreprise, vous pouvez tenir différents discours s'adressant, le premier au personnel d'exécution, le second, plus développé, à l'encadrement dont on attend une attitude de soutien et, le troisième, aux cadres supérieurs chargés d'être les moteurs de l'opération. Une notice d'information sur les résultats annuels d'une activité peut présenter un tableau des chiffres essentiels et associer, en option proposée, différents niveaux d'informations complémentaires destinées aux actionnaires et aux spécialistes. Dans le même esprit, un film peut avoir deux versions : une version brève destinée à amorcer une présentation d'un sujet, et une version longue se suffisant à elle-même.

Dans ces divers cas, les différences sont plus quantitatives que qualitatives : la nature des contenus est la même. Seul varie le degré de l'approfondissement qui leur est appliqué.

Pour mettre un point final à ce travail sur la structure du discours, vous allez établir des « ponts » entre ce qui fait partie de son contenu et ce qui lui est extérieur. Ces ponts seront des liaisons entre le discours et le savoir ou la culture de vos cibles. Vous définirez des allusions aux prérequis établis, vous créerez des références aux métiers de vos cibles, vous évoquerez des suites possibles, bref, vous parsèmerez votre discours de points déjà connus qui agiront comme autant d'ancrages et de balises, solidifiant votre communication en l'accrochant à du déjà connu, du déjà acquis. Et vos cibles se trouveront plus disponibles pour entendre du nouveau parce que ces « ficelles », parfois un peu démagogiques, avouons-le, les sécuriseront.

Dire trop et dire trop peu : les deux écueils du discours

La difficulté essentielle du travail présenté dans ce chapitre réside dans le juste calibrage du contenu. Tout simplement parce qu'il n'y a ni règle ni truc pour le garantir et qu'on ne peut qu'en constater, *a posteriori*, la qualité ou les défauts. Par contre, une mauvaise structuration saute plus facilement aux yeux par son manque de logique et la faiblesse de ses liaisons.

Vous devrez donc naviguer à vue entre le Charybde du discours fleuve et le Scylla du discours chétif... Alors, comment piloter ce travail entre les écueils ? La façon la plus efficace en même temps que la plus logique consiste à prendre un par un tous les concepts organisés dans votre discours et à vous demander d'abord quelle est leur relation avec les résultats que vous attendez. Si cette relation ne peut pas être vraiment explicitée, c'est généralement que le concept est en trop. Mais avant de le retirez, vérifiez bien que vous ne remettez pas en cause la structure même du discours : une brique ôtée hâtivement peut compromettre l'équilibre de votre construction et un maillon en moins briser votre chaîne logique. Dans ce cas vous devrez soit accepter ce concept superflu comme indispensable à votre rhétorique, soit en changer le modèle. Vous devez parvenir ainsi à éviter les dérives d'un discours trop gras, donc indigeste.

L'autre risque est celui d'un contenu trop maigre ou rempli de trous. Vous pratiquerez, pour éviter l'un et l'autre, une démarche inverse : partez des résultats à atteindre et remontez la chaîne de votre structuration jusqu'au point de départ. Si certains résultats auxquels vous tenez ne peuvent être supportés ou étayés par des concepts bien identifiés, ou s'il y a des ruptures dans la chaîne qui remonte vers le point de départ, c'est que vous avez mis le doigt sur des lacunes de matière : il vous manque des concepts importants. Identifiez-les et reconstruisez une logique nouvelle où ils aient leur place.

C'est là un travail de bénédictin : rigoureux autant que fastidieux... Il est indispensable si vous voulez éviter de vous apercevoir – trop tard – que le contenu sur lequel vous avez bâti votre communication était un peu approximatif.

Peut-on parler « pour ne rien dire » ?

Alphonse Allais écrivit un jour un discours que l'on pouvait prononcer n'importe où et dans n'importe quelles circonstances... Démonstration – par l'absurde s'il en fût – que l'on peut parler brillamment pour ne dire dire. Autre exemple, hélas plus fréquent et plus dangereux : la fameuse « langue de bois » du discours politique que nous connaissons tous. Que se passe-t-il alors ? La transformation des cibles repose moins sur le contenu du discours que sur le discours lui-même. C'est l'acte de la parole qui importe plus que ce à propos de quoi elle est mise en œuvre. Le message et son contenu perdent toute leur importance au profit de l'occupation du temps et de l'écoute. Avouons que la communication d'entreprise y a souvent recours, elle aussi...

Vous avez certainement déjà assisté à ces cérémonies laïques (ce n'est sans doute pas par hasard qu'on les appelle des « grand-messes »...) au cours desquelles les entreprises, leurs directions et leurs personnels s'auto-célèbrent dans une unanimité retrouvée pour quelques heures. Peu importe le contenu-prétexte des discours (bilans, nouveaux produits, concours ou challenges...), le résultat attendu est de mobiliser les personnes sur des projets qui exigeront d'eux davantage d'efforts, de renouveler une cohésion qui s'effrite sous l'usure de la fatigue et du temps, ou de faire adhérer des salariés réticents à des objectifs ambitieux. Dans ce cas, pas de concepts nouveaux ou d'idées déstabilisantes : on met en scène et on exalte les valeurs sûres comme la marque, la culture de l'entreprise, la personne d'un patron charismatique... On reste en terrain connu. C'est du déjà vu et du déjà entendu. Mais c'est cela, dans ce cas précis, qui est recherché.

Règle n° 5

Vous pouvez « parler pour ne rien dire... » mais soyez sûr de votre choix.

La nouveauté réside dans la qualité de la « liturgie », dans la forme, dans le show-business : chaque opération impose alors, sous peine de décevoir les fidèles que ne peut séduire un discours indigent, un degré de plus dans le spectaculaire et la nouveauté formelle. Le risque essentiel est donc là : une inflation coûteuse des moyens et le risque d'une faille technique. Car le grand spectacle, si efficace quand il fonctionne parfaitement, devient très vite ridicule au moindre incident dans la mise en scène et dans la réalisation. Il ne tolère ni l'erreur, ni la panne, ni la médiocrité.

Démarche pratique pour définir et organiser ce que vous avez à dire

Maintenant que vous connaissez les questions qui se posent, voici comment parvenir, méthodiquement et facilement, à les résoudre pour délimiter, définir et structurer votre sujet. Vous procéderez en trois étapes.

Première étape
L'analyse de la matière

À la fin de cette étape, vous disposerez de l'ensemble de votre sujet « atomisé » en concepts et mis en fiches.

Cette première étape passe par deux phases :

- **Recherche des sources**
  Vous identifiez le ou les moyens d'accéder à la matière pour connaître ce que vous avez à dire. Ce peut être vous, une autre personne (expert) ou n'importe quel support d'information.
  Au cas où vous devrez recourir à plusieurs sources, élucidez les spécificités éventuelles de chacune d'elles et utilisez-les pour faire des recoupements.

- **Mise à plat de la matière**
  Vous utiliserez les méthodes traditionnelles d'interrogation (de l'interview au dépouillement documentaire, en passant par les associations d'idées et l'analyse dychotomique...) pour lister les concepts que vous considérez comme utiles.
  Très souvent un concept en appelle un autre soit par démarche dychotomique volontaire, soit par association d'idées. Attention alors à l'inflation de choses à dire ! Arrêtez-vous à temps !
  À la fin de cette investigation, vous disposez d'une liste de concepts, sans ordre ni structure.
  Faites une série de fiches, à raison d'une par concept identifié. Numérotez-les et donnez-leur un titre identificateur.
  Reprenez alors ce paquet de fiches et consignez sur chacune d'elles le contenu du concept retenu. Vous le ferez en transcrivant les données, quelle qu'en soit l'origine, dans le langage de vos cibles, ou, à défaut de pouvoir être aussi précis, dans un langage et une forme qui leur seront accessibles.
  Vous avez ainsi constitué votre « base d'informations ». Elle vous permettra de travailler maintenant en toute liberté (sans recourir sans cesse aux experts...) et en toute sécurité (sans être obligé de vous interroger continuellement sur la justesse et la pertinence des informations...).

Deuxième étape
La structuration de la matière

Vous disposez donc, en vrac, de tout ou à peu près tout ce que vous avez à dire. Vous allez maintenant travailler à construire, imaginer ou découvrir une structure qui ordonnera cette matière et votre communication. Sans ordre, il est impossible de faire passer le moindre message. C'est la structure qui rend transmissible et compréhensible, donc utile, un contenu[1].

Vous reprenez votre paquet de fiches et vous allez jouer au « jeu des petits papiers »... Sur une grande surface plane, vous organisez les différentes fiches-concept les unes par rapport aux autres en leur trouvant, pour chaque relation de l'une à l'autre, une liaison logique explicite. Quand tous les concepts sont organisés les uns par rapport aux autres, vous notez soigneusement leur ordre et les liaisons qui les tiennent. Vous avez, de cette façon, déterminé un « modèle de structure ».

Faites maintenant un effort... Reprenez vos fiches et tentez (vous y arriverez !) de construire un autre modèle. De cette façon, vous disposerez de plusieurs structures parmi lesquelles vous choisirez le modèle qui vous semble :
- le plus fort ;
- le plus conforme à ce que vous savez des cibles ;
- le plus adapté aux résultats que vous attendez.

Troisième étape
Délimitation de la matière

Vous aurez toujours tendance à vouloir « faire passer » trop de choses ! Poussé, le plus souvent, par le désir de « profiter de l'occasion ou de l'opportunité », ou encore sous la pression de vos commanditaires, vous définirez et structurerez des contenus beaucoup trop vastes, donc trop gras et trop indigestes, pour être utiles.

1. La détermination d'une forme, puis la mise « en forme » (en latin, in forma...) c'est, étymologiquement, ce qu'on appelle l'information.

N'oubliez jamais que tout ce qui est en trop perturbe la communication. Rien ne doit donc subsister qui ne soit directement focalisé sur vos cibles et vos résultats.

Alors, taillez ! Coupez tout ce qui n'est pas solidement intégré à la structure. Évitez les dispersions, les divergences, les à-côté... Ce travail d'élagage est difficile mais fondamental. Plus votre contenu sera hétéroclite, plus votre communication paraîtra molle et plus son efficience sera douteuse.

Vous aurez, à la fin de cette phase, une structure nerveuse construite autour d'un petit nombre d'idées-force (trois ou quatre au maximum), solidement articulées les unes aux autres. Cette cohérence forte est votre principale garantie de qualité.

Si vous avez des remords ou des regrets d'avoir été trop « chirurgical », établissez ce qu'on appelle des « ponts » : vous renvoyez les cibles à ce que vous avez choisi de ne pas traiter. Vous leur laissez ainsi le droit et la possibilité d'aller plus loin que ce que vous avez défini comme le minimum. Mais ce sera alors à leur initiative.

Vous établissez ainsi deux types de pont :

- des références à ce que les cibles savent déjà : les prérequis. Vous accrochez ainsi la nouveauté à du déjà connu ;
- des références à la culture professionnelle (fonction, métiers, entreprise, produits, etc.). Ce seront des exemples, des utilisations typées d'illustrations spécifiques ou de vocabulaire. Au-delà de l'utilité des clins d'œil, ces références fortes crédibilisent l'ensemble de votre sujet.

Cibles + résultats attendus + structure de la matière = cahier des charges

Vous savez à qui vous vous adressez (chapitre 1) pour obtenir certains résultats précis (chapitre 2) à partir du traitement d'un contenu que vous avez structuré (chapitre 3) : vous venez de bâtir le *cahier des charges* de votre opération.

Non seulement vous ne mènerez pas cette affaire en aveugle, puisque vous savez où vous allez, mais vous avez pris aussi un engagement de résultats, allant jusqu'à préciser les critères sur lesquels sera jugée votre réussite.

Vous avez maintenant tout ce qu'il faut pour réfléchir aux différents moyens que vous mettrez en œuvre pour y parvenir. Ce sera l'objet du prochain chapitre.

Dès lors, le cahier des charges, accepté par tous les partenaires, devient votre référence. Vous n'y touchez donc plus. Si vous travaillez pour des commanditaires, faites-leur signer les documents sur lesquels il est consigné. Cela signifie que toute modification remettrait automatiquement en cause vos engagements. Comment pourriez-vous en effet organiser correctement le voyage si, juste avant le départ, on vous changeait les participants, la destination, la carte ou la boussole ?

Entraînez-vous

Voici quelques petits exercices pour vous faire la main sur la démarche d'analyse et de structuration des contenus.

- **Cas n° 1** : prenez un court article de journal, puis
- faites l'analyse des concepts ;
- remplissez les fiches de concepts en changeant radicalement les cibles pour vous imposer un transcodage ;
- organisez les concepts en définissant des structures :
  qui commencent par la conclusion de l'article ;
  qui proposent différents cheminements logiques possibles ;
- choisissez la structure qui vous semble la plus solide.

- **Cas n° 2** : enregistrez au magnétoscope un journal télévisé, puis
- faites l'analyse des concepts concernant la politique intérieure française ;
- remplissez les fiches de concepts en imaginant que vous allez les présenter à des étrangers ;
- définissez la structure-matière d'une page d'informations recto/verso qui sera remise aux clients d'un grand hôtel avec leur petit déjeuner.

- **Cas n° 3** : reprenez le contenu de ce chapitre 3 :
- vous considérerez que les chapitres 1 et 2 constituent les prérequis ;
- identifiez les 3 ou 4 idées-force qui vous intéressent ;

- construisez la meilleure structure pour un exposé que vous ferez à vos collaborateurs.

• **Cas n° 4** : créez des « liens hypertexte » :
- analysez une notice d'emploi d'un appareil simple ;
- atomisez le contenu ;
- classez les morceaux en différents niveaux ;
- identifiez des « liens » entre les différents morceaux (mots, schémas, par exemple).

• **Cas n° 5** : accédez à un site Internet de votre choix puis
- parcourez-le ;
- notez sa structure (liens hypertexte ou hypermédia) ;
- retrouvez son contenu.

Si vous n'avez que cinq minutes

• Aucun sujet ne va jamais de soi et, dans le domaine de la communication, rien n'est plus dangereux que les fausses évidences et les non-dits...
Pour les éviter :
- identifiez et définissez tout ce que vous avez à dire ;
- analysez ce contenu en le découpant en concepts ;
- faites une fiche par concept et portez-y sa part de matière dans un langage accessible aux cibles.

• Les meilleures informations ne sont diffusables et recevables que si elles sont structurées.
- organisez les concepts en structures (ou modèles) ;
- choisissez la structure qui vous semble la plus solide et la plus en rapport avec les résultats que vous attendez ;
- coupez systématiquement ce qui est hors de votre propos direct et ce qui s'inscrit difficilement dans votre structure.

• Pour connaître la démarche pratique d'analyse et de structuration du contenu, lisez le paragraphe « Démarche pratique pour définir et organiser ce que vous avez à dire » (page 49).

Chapitre 4
Choisissez la bonne stratégie

La communication : un parcours « de qualité »

Parvenu à ce point de votre lecture, vous savez ce que sont les cibles, les résultats attendus de la « transformation » que vous mettez en place et les types de « contenus » de votre opération de communication. On les appelle aussi plus communément les « messages ».

Vous savez donc, au risque d'être un peu caricatural, d'où vous partez et où vous allez.

Vous avez même pris la peine de définir la mesure du succès de votre opération.

Entre ce point de départ et le point d'arrivée, il vous reste à choisir, à tracer et à construire la route...

Nous emprunterons aux qualiticiens leur définition de la qualité pour l'appliquer à la communication : le produit ou service « de qualité » est celui qui répond exactement à sa définition (l'attente identifiée et mesurée des clients), sans sous-qualité ni sur-qualité.

De la même façon, l'opération de communication réussie est celle qui atteint sur les cibles choisies (et uniquement sur elles) des résultats qui ont été définis (à l'exclusion de tout autre) et avec les seuils, mesures et délais précisés.

C'est à la fois simple et exigeant : simple parce que vous avez vous-même défini vos engagements de résultats ; exigeant parce que l'opération est mesurable.

Ajoutons néanmoins, pour être plus réaliste, une petite ombre à ce tableau trop rationnel pour être vrai : une opération de communication est toujours située dans un environnement de contraintes (ne serait-ce que budgétaires) dont il faut, bien évidemment, tenir compte.

La communication : un processus sous contraintes

Ce qui va suivre vous semblera peut-être une évidence... Eh bien, détrompez-vous. Beaucoup d'opérations de communication échouent par non-respect – ou simplement par sous-estimation – de l'importance des contraintes. Certains communicateurs les nient purement et simplement.

Règle n° 1

Une stratégie de communication s'élabore à partir des contraintes reconnues et non des souhaits du maître d'œuvre.

Ces opérations, menées alors de façon totalement artificielle, échouent aussi régulièrement que les communications sans cibles ou sans résultats attendus. De quelles contraintes faut-il tenir compte ?

Elles sont de trois ordres.

Les premières ont trait aux cibles. C'est ici que prend toute son importance le soin que vous avez apporté à leur analyse tant psychologique que socioculturelle. Ces composantes servent d'assise, de fondement à l'opération : parler aux cibles dans leur langage, avec leurs schémas et selon leurs modèles, en tenant compte de leurs réactions catégorielles habituelles est à la fois une obligation et un gage d'efficience.

Notez bien que vous pouvez choisir de transgresser cette règle d'or ! Mais vous savez alors que vous en prenez le risque. Vous savez aussi pourquoi vous le faites : surprendre, choquer, déstabiliser vos cibles... Vous saurez donc comment, ensuite, une fois passé l'effet de choc, reprendre en main l'opération.

Le second type de contraintes est lié aux résultats que vous attendez de l'opération et à leur mesure. Dès que vous devrez faire « changer » vos cibles, vous aurez à gérer les réticences *a priori* qui se feront jour de façon quasi systématique. Or vous devrez très souvent monter des opérations destinées à faire changer, à faire évoluer des populations : annoncer et expliquer une réorganisation, présenter et imposer une nouvelle façon de vendre, proposer un projet d'actionnariat d'entreprise, lancer une opération « qualité totale »... dans tous ces cas le premier résultat visé sera une modification des habitudes et des comportements. Vous pouvez être sûr que le premier réflexe (et ce mot est à prendre au sens quasi pavlovien du terme...) sera un refus crispé, accroché aux pratiques anciennes. Vous n'y pouvez rien ! Ainsi fonctionnent (presque) tous les groupes...

Soyez donc certain et convaincu qu'il ne suffit pas de dire les choses, fût-ce du haut d'une tribune présidentialo-directoriale au Palais des congrès ! Il faut, bien sûr, dire... Mais aussi expliquer, réexpliquer, convaincre, faire du forcing, voire, en désespoir de cause, utiliser une certaine brutalité... L'autorité formelle, intervenant « ès qualité » ou plutôt « ès autorité », n'est que de peu d'effet. Par contre le discours déstabilisant associé à l'antidote d'une pédagogie persévérante et à la fermeté convaincante d'une opération de communication bien définie, bien construite et bien pilotée, réussira plus souvent !

Les contraintes de durée et de délai

La dernière catégorie des contraintes est d'ordre matériel : nous y regrouperons pêle-mêle les éléments de temps, de géographie et de budget. Il n'y a pas de liste type des contraintes matérielles possibles : chaque cas apportera sa combinaison de situations originales. Voici néanmoins quelques repères.

Les contraintes de temps sont à prendre en compte à différents niveaux : par rapport aux échéances (le plus souvent imposées de façon définitive et non négociables par les commanditaires) vous devrez gérer, pour chaque opération, deux types de temps, le temps fixe et le temps variable[1]. Le temps dit « fixe » est celui dont vous avez besoin de toute façon, quelle que soit, à peu de choses près, la quantité de cibles à toucher. Il s'agit de ce qui a trait aux études initiales, cahier des charges, stratégie, scénario et création du système (vous verrez plus loin le sens exact de ces termes). Que vous fassiez un publipostage pour 1 000 ou 100 000 destinataires, la durée des travaux d'études et de création est quasiment identique. Que vous organisiez une convention dans une ville ou dans 10 (en vidéotransmission par satellite), il en sera de même. Voilà pour le temps fixe !

Le temps « variable » est, lui, directement lié à la quantité des destinataires ou des situations des cibles à traiter : il varie à la fois en fonction de leur nombre et de leur dispersion. On sous-estime souvent l'inertie et la lourdeur de la logistique quand il faut s'adresser à des grands nombres. Les manipulations de fichiers d'adresses, les convocations, la réservation des salles, l'accueil, l'hébergement, etc., voient leur difficulté croître très rapidement avec les nombres. Ce sont des dévoreurs de temps, des grignoteurs de délais dont on ne tient généralement compte qu'après le premier gros pépin !

L'espace et la distance, c'est du temps nécessaire en plus...

La distance et l'éparpillement éventuels de vos cibles vont générer aussi des délais supplémentaires. Plus votre cible est éloignée

1. Vous avez bien compris que nous utilisons ici les termes « fixe » et « variable » par analogie avec les coûts qualifiés de la même façon. Cette différenciation nous semble explicite de deux types de délais souvent dangereusement confondus...

et plus la communication va « prendre » de temps : temps de conception d'abord parce que votre opération doit être parfaite (au sens de « sans aucune erreur ») puisque, n'étant pas sur place, vous ne pourrez rien corriger, rien améliorer ou compléter *in situ.* Elle doit fonctionner de façon autonome avec « zéro défaut ». Temps de diffusion et de gestion ensuite, parce que vous devrez utiliser des processus et des voies déjà encombrés (téléphone, poste, canaux TV, avions, etc.), ou encore vous synchroniser sur des heures qui ne sont pas les vôtres (par exemple, les multinationales qui organisent des échanges entre Europe, Asie et Amérique...).

Enfin pensez toujours que, à son début du moins, votre opération n'est peut-être pas pour vos cibles, et quoi que vous puissiez en penser, la priorité absolue et la préoccupation essentielle de leur vie professionnelle. Dans ce cas, évitez de confondre la vôtre avec les leurs, sans quoi vous vous préparez de gigantesques erreurs et de cruelles déceptions... Ne soyez pas surpris que vos destinataires n'aient pas immédiatement le même enthousiasme que vous, qu'ils ne manifestent pas la réactivité de pur-sang que vous attendiez d'eux et que leur « temps de réponse » soit encore plus mauvais que vos craintes les plus pessimistes !

Soyez toujours très prudent avec les contraintes de temps : vous n'êtes maître que du vôtre. Vous n'avez que très peu de pouvoir sur le temps des autres, donc sur celui de vos cibles. S'ils sont 10 à être un peu lents, vous arriverez bien à faire un peu de forcing diplomatique. Mais s'ils sont 1 000 ou 10 000... C'est l'inertie des peuples qui fait s'écrouler les empires !

Proverbe

Ce qu'une femme fait en neuf mois,
neuf femmes ne peuvent pas
le faire en un mois...

Vous savez aussi qu'on peut multiplier les effectifs d'une équipe, accumuler les budgets, stocker des tonnes de papier, réserver des salles ou du temps d'antenne... Jamais vous ne stockerez de temps ! Contrairement à certain produit électrique, même si l'on ne s'en sert pas, le temps s'use...

Quand on gère le temps, il ne sert à rien de prendre de l'avance (et c'est même parfois terriblement dangereux). Il y a un critère de qualité : être à l'heure, prêt quand (et seulement quand) il le faut. Pour avoir une chance d'y parvenir, il n'y a qu'un seul outil : un planning[1] détaillé, que vous suivrez jusqu'au bout, avec une détermination méticuleuse. Vous n'en confierez la responsabilité à personne. C'est à vous qu'il revient de l'avoir systématiquement sous les yeux. Il sera votre tableau de bord essentiel.

Ah ! si j'avais (eu) des budgets...

Désespoir, dépit ou déception de communicateur frustré qui se prenait pour TF1 ou Cecil B. de Mille et voit s'écrouler ses rêves pour de mesquines contraintes budgétaires... Erreur profonde ! Le budget est toujours, avec les délais, la plus sérieuse et la plus immédiate des contraintes. Dans ce domaine il n'y a que deux vérités à méditer :

- Vérité n° 1 : *celui qui paye a toujours raison !*
- Vérité n° 2 : si vous persistez à penser qu'il a tort... c'est uniquement parce que *vous n'avez pas su le convaincre* de vous octroyer d'autres budgets. Alors, à qui vous en prendre ?

Vous aurez toujours les budgets que vous serez capable de « vendre »... après les avoir convenablement calculés, expliqués et justifiés.

---

1. Il n'entre pas dans notre propos d'expliquer le fonctionnement ni l'utilisation des systèmes de planification des opérations complexes. À vous de choisir, entre le classique mais efficace planning mural et les logiciels informatiques disponibles sur micro-ordinateur, ce qui conviendra le mieux à vos goûts, à vos moyens et à votre situation.

Règle n° 2

Ne perdez pas votre temps à rêver aux budgets que vous auriez pu avoir... Passez-le plutôt à utiliser au mieux ceux que vous avez su gagner.

Comme vous travaillerez souvent par « enveloppes » (investissements *a priori* qui vous seront consentis avec des airs entendus si la somme paraît importante... ou des airs affligés dans le cas contraire et fréquent), faites rapidement le partage entre frais fixes et frais variables et vous aurez ainsi très vite un premier calibrage de votre opération.

Cessez alors de rêver : ou bien vous vous coulez dans ce costume (bien sûr trop étroit pour vous...) ou bien vous parvenez à vous en faire offrir un autre, plus large d'épaules.

Rappelez-vous que la communication « hors contraintes » est un rêve d'adolescent et que réussir son opération, c'est gagner au milieu de toutes les contraintes assumées.

Dès qu'elles vous sont connues et que vous les avez acceptées (même en maugréant un peu, si vous le voulez, pour le principe...), dès que vous les aurez intégrées dans votre cahier des charges, vous pourrez commencer à travailler à votre stratégie de communication.

Stratégie + scénario + système = la meilleure façon de communiquer

Puisque vous savez d'où vous partez, où vous allez et dans quel environnement de contraintes, vous êtes prêt à organiser le voyage ! Cette organisation se passera en trois temps. Vous allez successivement :

- choisir votre stratégie ;
- élaborer le scénario de votre opération ;

– organiser le système de communication.

Ce sont là trois travaux différents dont les effets se cumulent. Les premières fois, il sera préférable de bien les distinguer même si, plus tard, vous pouvez être amené à en traiter ensemble certains éléments. Ajoutons que la prudence et l'efficacité exigent une validation du travail effectué, une sorte de « bon à continuer », avant de passer à l'étape suivante.

L'art militaire nous a appris que la stratégie était la définition de la (ou des) façon(s) de faire qui permettaient de gagner la guerre[1]. Pour « gagner » votre communication, vous allez d'abord être stratège et vous demander : « Comment faire pour que mon opération aboutisse aux résultats sur lesquels je me suis engagé ? »

La communication se gagne d'abord par la réflexion stratégique. Évitez donc tout activisme brouillon, qu'il soit technique ou organisationnel ! Arrêtez toute agitation initiale et pensez d'abord votre affaire en termes de réussite.

Proverbe (chinois)

La guerre se gagne dans la tête
du général, les batailles
dans celles des soldats.

Soyez à la fois ambitieux et concret. Rappelez-vous une de nos définitions : « la communication est un processus de transformation des cibles... ». La question cruciale, la seule qui se pose vraiment est de savoir comment faire pour transformer les cibles comme prévu et attendu.

Les ressorts possibles de la stratégie

Ne répondez pas à la question qui précède en termes de moyens (ce n'est plus de la stratégie et ça viendra plus tard...), mais

1. En ceci, elle s'oppose à la tactique qui, elle, s'intéresse au détail de chaque opération. La ou les tactiques s'insèrent, bien sûr, dans le cadre stratégique.

d'abord en termes de « ressorts » et de « registres ». Nous appellerons « ressorts » les différentes façons de faire « bouger », réagir les cibles et « registres » les types d'actions ou de réactions dans lesquelles les ressorts se concrétiseront.

Voici les principaux ressorts utilisés dans la communication d'entreprise.

- **Le ressort de l'information**

  Le moteur retenu ici est le fait de savoir ou de connaître : par exemple, les résultats de l'entreprise, les caractéristiques d'un nouveau produit ou le score de la concurrence.

  Il joue sur différents registres combinables :
  - la compréhension des faits ;
  - l'utilité immédiate de ce nouveau savoir (ou savoir-faire) ;
  - l'émotion positive ou négative associée à l'information reçue ;
  - la stimulation et le pouvoir mobilisateur de l'information elle-même ;
  - la fierté ou le sentiment élitiste d'appartenir au *happy few* qui sait et se différencie de ceux qui ne savent pas...

- **Le ressort de la pédagogie**

  La formation, ici, est une information dont la mise en œuvre devrait modifier les comportements professionnels.

  Ce ressort joue sur plusieurs registres :
  - la compréhension des savoirs ou savoir-faire ;
  - la motivation et l'acceptation du changement induit ;
  - l'implication de soi dans le changement ;
  - le sentiment élitiste, encore, du petit nombre des élus.

- **Le ressort de la séduction**

  L'information, quelle qu'en soit la nature, est dans ce cas prétexte à une opération de récupération programmée des cibles, toujours, bien sûr, pour une « bonne cause », comme la motivation des vendeurs, une demande d'investissement personnel plus fort, la vente de tout ou partie du capital de l'entreprise aux salariés, etc.

Comme dans toute séduction, les registres sont multiples et ambigus :

- mise en valeur des points forts des cibles dans leur langage, dans la direction et dans la forme qu'elles attendent ;
- différenciation positive d'avec les « autres » ;
- discours élitiste ;
- gommage de tous les aspects négatifs qu'ils soient risques, limites ou difficultés ;
- focalisation de l'attention sur les « lendemains qui chantent » : présentation des réussites hypothétiques comme étant déjà acquises ;
- utilisation des unanimités, aussi artificielles que puissantes, des groupes (applaudissements, ou rires programmés, slogans...).

On se rend bien compte qu'il s'agit d'un ressort à la fois efficace et dangereux. Outre leur côté déontologiquement contestable, les actions de séduction agissent souvent à très court terme et sont sans lendemain. Attention aux « effets secondaires » d'après réveil : impression de manipulation voire de tromperie. Ce ressort est essentiellement un déclencheur. Vous devrez donc immédiatement en atténuer le risque par des antidotes et le relayer, dans votre stratégie, par des ressorts plus profonds à effets plus durables.

- **Le ressort de la motivation**

Il consiste à donner aux cibles les moyens (information, gratification, dynamisation) de se projeter dans le futur et de se voir atteindre un but, un enjeu ou, comme on le dit volontiers aujourd'hui, un « challenge ». C'est une façon de provoquer, d'homogénéiser ou de renforcer des ressources individuelles manquantes ou mal réparties dans un groupe.

Voici les registres principaux sur lesquels joue la motivation :

- identification, presque « visualisation » par chacun de sa réussite à venir ;
- « musculation » morale ou affective avant une phase délicate ou consommatrice d'énergie ;
- énonciation et mise en valeur de toutes les raisons et tous les moyens de réussir ;

– estompage ou compensation de tout ce qui peut évoquer un éventuel échec.

Notez bien que la motivation est un ressort fondamental pour mobiliser un groupe vers des objectifs stratégiques et difficiles. Mais elle ne remplace en rien les compétences nécessaires et l'organisation à mettre en place. Comme la séduction, c'est un ressort nécessaire mais non suffisant. Il présente donc un risque : celui d'une démotivation irrattrapable si l'opération se présente mal ou si les autres moyens ne sont pas à la hauteur des enjeux.

- **Le ressort de la conviction**

On peut le situer à l'opposé de la séduction. Il se fonde sur une compréhension, une acceptation et une action de la part des cibles. Il ne laisse aucune obscurité ni dans les objectifs, ni dans les difficultés, ni dans les moyens, ni dans les chemins choisis. C'est, par essence, la communication la plus « adulte-adulte[1] ». C'est sans doute aussi à long terme la plus efficiente. Mais elle reste lourde à manipuler et exige beaucoup de temps et d'énergie.

Elle joue sur différents registres :

– capacité de compréhension de toutes les cibles ;
– capacité des cibles à prendre en charge les enjeux compris et acceptés ;
– participation active des cibles ;
– discours pédagogique et clarifié autant que faire se peut ;
– parti pris rigoureux de clarté et de vérité dans tous les discours, quelle que soit la situation ;
– explication permanente de tout ce qui est fait et de tout ce qui reste à faire ;
– prise en compte, en temps réel, des réactions des cibles.

C'est un mode de communication qui exige beaucoup de disponibilité, d'écoute et de réactivité de la part de ceux qui la

1. L'expression « adulte-adulte » est à prendre au sens que l'Analyse Transactionnelle lui donne. Elle s'oppose ainsi à la séduction qui serait une communication « parent-enfant » (ou « enfant-parent »), à la formation ou à l'information qui sont souvent « parent-adulte ».

mènent. Il doit laisser place à des imprévus et permettre des adaptations en souplesse.
Enfin, cette façon de faire ne peut fonctionner que si la hiérarchie (ou le commanditaire) est lui-même convaincu, quoi qu'il puisse se passer, du bien-fondé et de la justesse de ses propres choix stratégiques. Cette conviction personnelle première est une condition nécessaire au fait de pouvoir convaincre les autres...

- **Le ressort de la dramatisation**
Le mot est à prendre dans sa double acception : il joue sur la mise en valeur du « tragique » et sur des méthodes « théâtrales ». Il s'agit donc d'amplifier artificiellement les aspects négatifs d'une situation et d'en tirer, par réaction, un parti mobilisateur. Bien sûr, si la dramatisation est trop forte ou mal maîtrisée, on risque l'effet contraire de démobilisation ou d'angoisse qui agira alors comme un frein.
La dramatisation associe différents registres :
  - effet de choc initial ;
  - amplification par la mise en scène d'un tableau clinique négatif ;
  - création d'un effet de distance entre la situation actuelle et celle qu'il faut atteindre ;
  - utilisation de l'hyperréalisme dans des domaines où les habitudes sont plutôt à la réserve systématique, à la pudeur ou à la langue de bois (résultats financiers ou commerciaux décevants, non-respect de calendriers ou d'échéances, difficultés conjoncturelles, etc.).

- **Le ressort de la gratification**
C'est le ressort contraire au précédent : on utilise les mêmes effets de choc, de dramatisation et de mise en scène, mais, cette fois, sur des thèmes positifs dont l'effet est amplifié au-delà de la normale.
On traite sur le mode de l'extraordinaire ce qui n'est que positif et simplement banal.
Les hommes politiques sont passés maîtres dans ce type de communication qui risque de dériver rapidement, si elle devient

systématique, vers la démagogie.

La gratification joue sur les registres suivants :

- effet de choc positif ;
- jeu de la révélation attendue et espérée (« vous êtes formidables... ») ;
- création d'un sentiment d'appartenance à un groupe de gagnants ;
- énumération des qualités et des efforts à l'origine de la réussite hypertrophiée ;
- transfert ou glissement de cette pseudo-réussite initiale vers d'autres victoires à obtenir.

Élaborer une stratégie, c'est combiner plusieurs ressorts de changement

Cette liste des ressorts possibles à utiliser dans une stratégie de communication n'est pas exhaustive. À vous d'en imaginer et d'en utiliser d'autres si besoin est. Bien sûr, la prudence s'impose !

Face à ces matériaux stratégiques, à ce « Meccano » de la communication, comment procéder ?

Précisons d'abord qu'il n'y a pas, en soi, de bons ou de mauvais ressorts. Il n'y a que des ressorts utiles ou inutiles, efficients ou inefficients dans une situation donnée analysée au préalable.

> **Règle n° 3**
>
> La bonne stratégie est un système de ressorts qui mènera vos cibles où vous avez décidé de les conduire et les transformera selon les résultats que vous attendez.

Seconde remarque importante : il est exceptionnel qu'une opération de communication réussie fonctionne avec un seul ressort. Et, justement, toute la technique et tout l'art du communicateur consistent à choisir les bons ressorts et à les combiner logiquement et chronologiquement en une stratégie qui atteigne les résultats.

Une stratégie de communication peut donc être définie comme le choix organisé de différents ressorts auxquels seront attribués un rôle et une place parfaitement identifiés.

Voici comment procéder.

Première étape
Choisir le ressort de fin

Ce choix est étroitement lié aux résultats que vous voulez obtenir. En effet, ce sera la dernière action que vous pourrez avoir sur vos cibles dans le processus de transformation.

Ce pourra être, par exemple :

- la dramatisation dans une opération à risques où il faut bousculer les troupes avant de les envoyer à la bagarre...
- la motivation, pour obtenir les mêmes résultats, mais dans un processus plus banal et plus doux ;
- la séduction, dans une opération de transformation d'image, etc.

On se rend bien compte ici de l'importance de ce que nous appelions dans un précédent chapitre la « compatibilité des résultats attendus » : en effet, il se pourrait, si les résultats attendus n'étaient pas compatibles, que le ressort de fin soit efficient pour l'un des résultats mais aille dans le sens opposé d'un autre.

Deuxième étape
Choisir les autres ressorts utiles

La bonne stratégie est une combinaison de ressorts à effets différents qui vont « manipuler » (osons cette expression de kinésithérapeute !) les cibles pour les transformer dans le sens que vous avez défini.

Vous allez donc choisir des ressorts permettant une manipulation plus efficiente. Ce seront, encore à titre d'exemples :

- le ressort de l'information pour étayer et renforcer les ressorts plus émotionnels de la dramatisation ou de la séduction ;
- le ressort pédagogique s'il s'agit de transformer profondément des comportements à partir de savoirs ou de savoir-faire ;
- le ressort de la gratification qui interviendra souvent comme antidote du ressort de la dramatisation, etc.

La stratégie va organiser en séquence ces différents ressorts. Ici vous appliquerez la règle d'or de la communication : utiliser tantôt le « miel », tantôt le « vinaigre ». En d'autres termes faites toujours alterner deux registres différents : positif/négatif, dramatique/gratifiant, inquiétant/rassurant. C'est la base de toute... manipulation efficace.

Règle n° 4

Personne ne résiste à l'alternance du miel et du vinaigre.

Et ça fonctionne merveilleusement. C'est de cette façon que vous déterminerez l'ordre d'intervention des différents ressorts dans ce qui devient peu à peu votre stratégie. Il ne lui manque maintenant que son début.

Troisième étape
Déterminer le ressort initial

C'est encore un élément fondamental de votre stratégie. On dit souvent que l'opération se réussit ou se rate en son début... Je ne suis pas certain que tout se joue avec le premier ressort, mais il est évident que l'on peut gâcher l'efficience de la suite en ne prêtant pas assez d'attention au début !

Proverbe

On a rarement la possibilité
de faire plusieurs fois
une « première impression »...

Ici interviendront deux autres règles.

- Vous commencerez par un ressort opposé au ressort de fin : par exemple, si vous souhaitez terminer par un ressort dramatique, commencez par un ressort de type gratification ou information.
  - Pour déstabiliser à la fin, commencez toujours par le miel de l'information douce ou de la gratification.
  - Pour motiver ou gratifier à la fin, commencez toujours par le vinaigre du choc ou de la dramatisation.
- Vous tenterez toujours de faire « baisser la garde » aux cibles avant d'utiliser un registre dramatique et affectif fort : ainsi, comme à la boxe, le « coup » portera mieux. Si vous voulez utiliser pleinement la gratification ou la dramatisation, commencez par des ressorts neutres comme l'information. Vos cibles perdront leurs défenses, leurs enthousiasmes ou leurs réticences *a priori*. L'effet de choc que vous utiliserez ensuite ne se heurtera à aucune défense ni aucune complaisance. Il aura donc sa pleine puissance.

  Il s'agit là, d'ailleurs, d'une structure dramatique classique très utile. Beaucoup de films à effets forts sont ainsi construits.

  Enfin, plus votre opération s'étalera dans le temps, plus vous devrez la séquencer en différentes phases utilisant des ressorts opposés. N'oubliez pas que les effets des différents registres s'émoussent petit à petit et que l'alternance entretient la disponibilité et la réactivité de vos cibles.

  Évitez donc des enchaînements de phases utilisant des ressorts identiques. Une solution peut consister à séparer deux phases nécessaires de même type (dans la transmission d'un message complexe, par exemple) par une phase artificielle (parce qu'inutile en termes de message) de ressort contraire.

  De même entre deux phases émotionnelles et sensibles, un ressort de type information apportera un peu de repos et une respiration utile.

  N'oubliez pas que c'est d'abord l'alternance miel/vinaigre qui donnera l'essentiel de sa force à votre stratégie. Cela reste vrai quels que soient les résultats que vous attendez de votre opération de communication.

À la fin de ce travail d'élaboration de la stratégie, vous avez donc défini une séquence de plusieurs moments s'appuyant sur des ressorts différents dont les deux points les plus forts et les plus délicats sont le début et la fin.

Vous avez tracé la première esquisse d'une structure du processus de communication.

Vous allez maintenant, dans le chapitre suivant, lui donner contenu, corps et muscles. Ce sera le scénario de communication.

Entraînez-vous

Vous allez élaborer la stratégie de communication correspondant aux trois situations suivantes :

- **Cas n° 1**
  Vous venez de prendre la responsabilité d'une équipe de dix vendeurs qui font leurs tournées sur le même département.
  Les résultats de votre nouveau groupe ne sont pas fameux : 10 % en dessous de la moyenne nationale et 19,5 % en dessous des résultats de la meilleure équipe.
  La Direction commerciale vous donne six mois pour redresser la situation.
  Vous devez donc informer vos nouveaux collaborateurs et leur annoncer le plan d'action que vous venez de faire valider par vos supérieurs.
  Il est composé des éléments suivants :
  - redistribution des clients et modification des « tournées » ;
  - augmentation de la part de salaire variable dans les rémunérations ;
  - suppression de deux postes de vendeurs si le CA de l'équipe ne progresse pas de 10 % en six mois.
    Vous annoncerez par ailleurs que vous avez l'intention d'accompagner très bientôt chacun des vendeurs dans une de ses tournées hebdomadaires.
- **Cas n° 2**
  Vous êtes chargé du lancement d'un magazine vidéo d'entreprise. Chaque mois, il donnera aux 53 agences régionales une information définie et choisie par la Direction générale.
  Vous souhaitez profiter de cette opération pour :
  - infléchir l'idée initiale et rendre le magazine plus « interactif » ;
  - vous positionner comme candidat implicite au poste de Directeur de la communication sur lequel la Direction réfléchit actuellement.
- **Cas n° 3**
  Vous devez convaincre vos collègues d'utiliser la messagerie interne (via Intranet) pour diminuer le nombre des notes de service et des courriers internes.

Vous vous donnez un mois pour convaincre les 30 cadres de l'entreprise et 4 mois pour ses 200 salariés disposant d'un poste informatique connecté. Pourquoi ne pas créer un site un peu ludique pour y parvenir ?

Pour ces trois cas, vous travaillerez de la façon suivante :

- Identification rapide des cibles et des résultats attendus. Pour le second cas, n'oubliez pas votre « jeu » personnel.
- Identification des ressorts de communication utiles.
- Montage des éléments de la stratégie dans l'ordre :
  - fin,
  - cheminement alternatif,
  - début.

Si vous n'avez que cinq minutes

- Le seul objectif de votre opération de communication : arriver à transformer les cibles retenues dans le sens et au niveau que vous avez définis sous la forme des résultats attendus.
- Cette transformation s'opérera toujours dans un environnement de contraintes d'ordres différents : contraintes liées aux cibles, contraintes de temps, contraintes de budget et d'organisation. Votre réflexion stratégique en tiendra toujours compte.
- Déterminer la stratégie de communication, c'est identifier la meilleure façon de parvenir aux résultats attendus.
- Le travail consiste à choisir les différents ressorts qui permettront de le faire. Il en existe plusieurs qui jouent sur des registres différents, du plus émotionnel au plus froid : dramatisation, gratification, séduction, motivation, conviction, information, pédagogie.
- La stratégie efficiente fait le plus souvent alterner, en respectant des règles précises, des phases de ressorts et des registres opposés.

Chapitre 5
Élaborez le bon scénario

Le scénario de votre communication, c'est la stratégie traduite en actions

Il ne peut pas y avoir de communication réussie sans réflexion initiale débouchant sur une stratégie. Mais cette stratégie – quelle qu'en soit la qualité – devra toujours être traduite dans des faits, dans des actes, dans des phrases. Elle doit être « incarnée ». C'est le scénario qui lui donne chair, forme, contenu et, en fin de compte, réalité.

La base du scénario reste donc l'enchaînement des différents moments stratégiques. Et pour qu'il y ait bien enchaînement, deux éléments sont indispensables :

- une série séquentielle de moments de communication, bien sûr ;
- des liaisons, des articulations fortes entre chacun de ces moments.

S'il y a un trou dans le séquencement stratégique, il y aura rupture ou, au mieux, affaiblissement de la communication. Il se peut en effet qu'il n'y ait pas rupture parce que, contrairement à des processus purement mécaniques, il se produit en communication des phénomènes de rémanence, ou de persistance (au sens de « persistance rétinienne »...) qui permettent de raccrocher tant bien que mal différentes phases disjointes même si, d'un point de vue formel, il y a solution de continuité. Par exemple, les campagnes de publicité utilisent largement ce phénomène de mémoire pour étirer dans le temps les plans-médias. Reste alors à déterminer le moment où l'étirement est trop fort, où la rémanence s'affaiblit tellement que se produit une rupture.

Le travail d'élaboration du scénario peut se découper en plusieurs actions.

- *Organiser* dans le temps les différentes phases correspondant aux différents ressorts. Nous appellerons cela le découpage ;
- *Analyser* chaque phase comme un processus à la fois indépendant des autres, puisqu'il a ses entrées, ses sorties, ses actions, ses moyens, mais aussi lié aux autres puisque les sorties de la précédente phase constituent implicitement les entrées de la suivante ;
- *Vérifier* la bonne connexion, via les sorties/entrées, des différentes phases entre elles.

Chaque phase du scénario est un processus

Le découpage va vous permettre d'organiser votre réflexion, de travailler de façon méthodique et pratique sur des moments disjoints de votre opération. Mais ne perdez pas de vue la continuité scénarique dans laquelle s'insère chaque phase.

> **Règle** *n° 1*
>
> Chaque phase du scénario est un micro-processus de transformation des cibles.

Chaque phase est donc un processus en soi et, comme tel, doit assurer toute la part qui lui revient dans la transformation des cibles. Cette part est évidemment liée aux ressorts choisis dans la stratégie générale et constitue une partie, un moment, d'un ensemble plus vaste.

Vous connaissez le modèle du processus. Au stade de la réflexion qui nous intéresse maintenant nous dirons que chaque phase assure une partie de la transformation complète des cibles, telle qu'elle est exprimée dans l'analyse des résultats attendus. Elle s'appuiera sur une partie définie et identifiée du « contenu » de la communication, un sous-ensemble des messages.

Voici donc les deux questions qui se posent maintenant à vous :

- quelle part de la transformation complète des cibles va-t-on attribuer à chaque phase du scénario ?
- sur quelle part du message complet faut-il la faire reposer ?

La réponse à la première question est nécessairement liée à la stratégie élaborée : la part de transformation assurée par la phase étudiée dépend directement du ressort retenu.

Règle n° 2

À chaque ressort correspond une transformation différente des cibles.

Reprenons les différents ressorts que nous avons analysés au chapitre précédent.

- Au ressort *information* correspondent des acquisitions de savoir ou de données, des illustrations ou des confirmations. C'est une transformation par acquisition temporaire.
- Au ressort *formation* correspondent des modifications de savoir, de savoir-faire ou de comportement. C'est une transformation par acquisition et assimilation.
- Au ressort *séduction* correspondent des modifications individuelles violentes mais souvent provisoires. Le « crédit d'adhésion » est fort mais à durée limitée : attention, donc, au problème de la rémanence ! Au sortir d'une phase de séduction qui a bien fonctionné, les cibles se laissent entraîner aveuglément et provisoirement où vous voulez les conduire. Tant que dure l'effet euphorisant de la séduction, les réticences et l'esprit critique sont anesthésiés, et cela pour le meilleur et pour le pire.

- Au ressort *motivation* correspondent des modifications individuelles et collectives, fortes elles aussi, beaucoup plus conscientes et rémanentes que les précédentes. Les cibles ont compris et intériorisé les nécessités de l'action. Il ne s'agit plus d'un contournement analgésique des réticences, mais d'une acceptation positive de l'action et de l'effort à venir.
- Au ressort *conviction* correspond une transformation individuelle intellectuelle et affective des cibles : la compréhension d'un phénomène nouveau ou de données nouvelles est intériorisée positivement et acceptée comme une réalité à prendre en compte. Elle détermine, quelle que soit la nature de ces faits, une réaction positive de progrès et non un phénomène de refus ou de fuite.

  La transformation liée au ressort de conviction est utile dans deux cas fréquents :
  - pour dépasser un échec individuel et/ou collectif. Le progrès passe alors par l'analyse et l'acceptation « convaincue » des causes de l'échec et des axes d'effort et de progrès. C'est en effet le seul moyen d'éviter la fuite classique qui consiste à faire glisser la responsabilité sur d'autres que soi ou sur des facteurs extérieurs que l'on ne maîtrise pas ;
  - pour accepter la perspective d'un effort difficile et nécessaire. La réussite passe encore par l'acceptation intériorisée de sa nécessité. Toute autre forme de transformation risquerait de générer des actions « feu de paille ».
- Au ressort *dramatisation* correspondent des transformations émotionnelles fortes. Elles sont au départ individuelles mais leur effet est toujours amplifié par une dimension collective (rumeurs orchestrées, bruits de couloirs amplifiés, cérémonial théâtral des « grand-messes », renforcement par des moyens extérieurs comme la presse, etc.).

Répartir le contenu de la communication entre les phases du scénario

Il s'agit ici de superposer au découpage de votre scénario un découpage des messages. Cette répartition se fera en fonction de différents critères :

– l'exhaustivité finale (tout doit être dit..) ;
– la logique du discours (découpage et enchaînements) ;
– la logique des effets ;
– les figures de style (ellipses et redondances).

Puisque vous avez clairement défini les contenus de votre communication (voir chapitre 3), il n'y a plus d'équivoque sur ce que vous avez à dire. Vous devrez donc vérifier que, une fois effectuée la répartition du discours au long des phases de votre scénario, celui-ci reste complet. Ce n'est ni compliqué à faire, ni risqué !

Le respect d'une logique du discours est un peu moins simple. Il consiste à doser votre découpage et à en organiser les morceaux de façon que le discours complet, tel que vous l'avez structuré dans le modèle retenu (voir chapitre 3), reste parfaitement compréhensible. Il faut donc d'abord que tous les morceaux du discours découpé restent cohérents et qu'ils soient des unités, des « atomes de sens » autonomes. Pris individuellement, ils auront une signification et une compréhensibilité en soi. Si vous ne respectez pas ce type de découpage, vos cibles auront l'impression de se trouver devant des messages « patch-work » ou des énigmes à déchiffrer.

Il faut ensuite que ces atomes de discours se succèdent dans un ordre logique et dans une progression qui en respectent le sens général. Toute rupture ou inversion dans la chaîne du sens rendrait le message incompréhensible et, par là même, inopérante la phase concernée. C'est ce qu'on appelle « l'effet puzzle » dans lequel le discours en miettes, faute d'un ordre logique conservé ou reconstruit, a perdu sa cohérence et son impact.

Vous pouvez aussi organiser les atomes de discours selon une « logique d'effets » différente de celle du sens : par exemple placer les informations de façon progressive (gradation croissante ou décroissante). C'est une organisation du discours très efficace quand elle est associée à des registres émotionnels.

Vous pouvez utiliser la minimisation des points faibles par accumulation des points forts, ou, inversement, l'estompage des points forts par accumulation de points faibles. Vous pouvez encore préparer des chocs en utilisant « l'effet de piste » qui consiste à parsemer un discours logique et cohérent d'indices provisoirement incongrus qui ne trouveront leur sens que dans une révélation finale. Dans tous les cas, il s'agit de répartir le contenu du message de façon à en tirer des effets spécifiques en cohérence avec la phase du scénario et les ressorts qui la sous-tendent.

Interviennent enfin dans les critères de découpage les ressources propres de la rhétorique classique et des figures de style. Elles sont toutes intéressantes et utilisables à condition de savoir pourquoi on les choisit... En voici deux, à titre d'exemple : l'ellipse et la redondance.

L'ellipse consiste à gommer une partie du discours et à le laisser alors « continuer tout seul ». Cette suite libre que les destinataires du discours inventent, est amorcée par la fin de la phase précédente et récupérée par le début de la phase suivante. L'ellipse a un impact dramatique fort parce que c'est la cible qui invente (ou plutôt croit inventer, puisque vous l'induisez) sa propre histoire.

La redondance est une figure habituelle de la communication : il s'agit de répéter plusieurs fois la même part de message. Son effet – dont usent et abusent les publicitaires – est facile et garanti. Sa limite naturelle vient avec la saturation et le risque de rejet qu'elle entraîne. Cet effet est à réserver aux quelques points clé essentiels à votre message. Plus vous traitez de points sur le mode de la redondance et plus vous alourdissez votre discours. À vouloir tout mettre en relief, à vouloir insister sur tout, on finit dans le débordement et la confusion.

La logique de l'interactivité propre aux nouveaux médias (CD-ROM et Internet en particulier) offre des solutions tout à fait nouvelles à la mise en scénario : l'hypertexte et l'hypermédia permettent la création de « liens » entre les moments de la communication qui laissent l'utilisateur libre de son rythme et de ses choix. C'est lui qui crée, en dynamique, son propre scénario (voir chapitres 7 et 8).

Direct et différé : une alternance utile

Élaborer le scénario de votre communication, c'est traduire votre stratégie dans des actions, donc lui donner existence dans des lieux et des moments. Lieux éloignés, moments différents, nécessaire répétition des actions... vous serez vite amené à vous poser la question de la communication dite « directe » ou de la communication dite « différée ». L'usage de ces deux termes est souvent un peu approximatif. Alors voici quelques éléments de définition...

Ce sont deux concepts exclusivement liés au temps. À l'inverse de la communication « en différé » qui différencie le moment de la production[1] de celui de la réception, la communication « en direct » (ou simplement « directe ») suppose la synchronisation de l'émission et de la réception : les cibles « entendent » au moment où l'émetteur « parle ». Sur cette notion précise peuvent se superposer deux variantes :

- *Le direct « immédiat »* qui ajoute une proximité locale. Par exemple la représentation d'une pièce de théâtre ou une conférence sont deux situations de direct immédiat.
- *Le direct « médiatisé »* ou *« transporté »* utilise des systèmes de diffusion technique pour transporter l'émission en direct vers des récepteurs éloignés de l'émetteur. C'est le cas banal des journaux télévisés diffusés par les chaînes, des conférences téléphoniques ou des vidéotransmissions (en duplex ou multiplex, c'est-à-dire entre deux pôles d'émission/réception ou davantage) organisées par les entreprises via les satellites de télécommunication.

Ajoutons que la communication en direct peut être amplifiée par des techniques de son et/ou d'image sans que l'aspect direct soit remis en cause, bien au contraire : un système de sonorisation ou de vidéoprojection permettent un contact direct avec une grande salle.

Dernière remarque : il existe des situations de « faux direct ». Les technologies télévisuelles permettent de faire croire à une situation de direct alors que l'on diffuse des bandes enregistrées. Ce type de mensonge communicationnel supprime le risque de tout ce que le direct a de non maîtrisable (voir paragraphe suivant). Il en ajoute un de taille : celui de l'incident technique en

1. Et c'est dans cette phase de production que l'émetteur « parle », même si l'émission technique (ou diffusion) du message a lieu plus tard.

cours de diffusion. Si le magnétoscope est mal réglé ou s'il tombe en panne, l'effet et le charme du (faux...) direct sont brutalement rompus. Outre le ridicule de cette situation, vos cibles vous pardonneront rarement de les avoir trompées de pareille façon. À vous donc de choisir le risque le moins... risqué !

Alors, quel choix faire ? Direct ou différé ? En règle générale il faut doser ces deux formes de communication utiles et complémentaires. Regardons d'abord les points forts et les limites de chacune d'elles.

L'impact du direct

Le direct est un mode de communication chaud. Reposant sur la synchronisation de l'émission et de la réception, sa force réside dans le sentiment de contact, de proximité qu'il génère. Cette impression se situe à deux niveaux également intéressants et utilisables.

- *La relation vécue,* dans la synchronisation et symbolisée par elle, entre l'émetteur et les cibles. En ce sens c'est une situation qui permet de mettre en valeur le leadership et le vedettariat ;
- *La relation établie,* elle aussi par la synchronisation, entre toutes les cibles, quelle que soit leur dispersion. Dans ce cas la proximité chronologique agit comme l'antidote de la dispersion géographique. C'est une façon intéressante de créer ou d'exacerber le sentiment d'appartenance à un groupe.

On voit donc que la situation de direct correspond bien à des ressorts de type émotionnel et affectif : mobilisation de groupes, déstabilisation ou gratification.

Règle n° 3

Le direct est un mode de communication chaud, émotionnel et risqué.

C'est aussi un mode de communication délicat à préparer et à mettre en œuvre. Par définition, et contrairement au différé, il ne laisse aucun droit à l'essai ou à l'erreur : tout doit être parfait dès la première fois (puisque, par définition, il n'y a qu'une fois...) : la préparation, la direction, les acteurs, l'outillage technique. Or, quel que soit le professionnalisme de la préparation et de la réalisation, les intervenants introduisent malgré eux une part de risque non maîtrisable. Tout le monde peut déraper, avoir un « trou » ou être paralysé de trac... Comme tout mode de communication à la fois chaud et risqué, le direct doit être utilisé avec prudence et sang-froid, en prenant le temps d'une préparation méticuleuse et complète. Le direct, moins encore que tout autre mode, ne supporte ni l'à-peu-près ni l'improvisation. Sa puissance et son impact sont à ce prix.

Les facilités du différé

À partir du moment où il y a désynchronisation entre l'émission et la réception, il y a nécessité de conserver le message sur un support. La bande vidéo, la bande son, le film ou le logiciel, sont les supports auxquels on pense immédiatement. Mais, en tirant un peu sur le sens du mot, on peut dire que les supports papier, photo, affiches, etc., sont aussi des moyens de faire de la communication en différé. Nous nous en tiendrons à cette acception large du terme.

La facilité et l'utilité du différé tiennent au fait que le message est conservé sur un support. En effet, qui dit support dit démultiplication possible, car tout support est duplicable, souvent à des coûts peu élevés et dans des conditions techniques très fiables. À chaque fois que l'on ne pourra pas rassembler ou relier les cibles pour une communication directe, on diffusera les supports pour une communication différée « à la carte », répétitive s'il le faut et autant de fois qu'il le faut.

Ce que l'on gagne en facilité, on le perd en impact, en puissance et en chaleur. Le différé, sauf à avoir un contenu et une formalisation particulièrement dramatisés, est un mode de communication plus rationnel, plus explicatif, plus pédagogique que le direct. Il permet, du fait même de la liberté de manipulation qu'il offre, une véritable appropriation. Il convient donc à tout ce qui est du domaine de l'information, de la formation ou de la conviction.

Règle n° 4

Le différé est un mode de communication froid, rationnel et sûr.

Il présente aussi moins de risques : le message peut être repris, modifié, amélioré jusqu'à ce que la perfection soit reconnue. Les effets du différé peuvent être mieux préparés, mieux réalisés, testés et modifiés jusqu'à l'obtention d'une totale efficience, c'est-à-dire celle du résultat attendu.

Que choisir et en fonction de quoi ?

À lire les deux précédents paragraphes, on se rend compte qu'il n'y a pas, ici encore, une bonne et une mauvaise solution ni même une solution qui serait meilleure qu'une autre. Il n'y a de bon choix que celui qui est en accord avec la phase du scénario traitée.

La première règle de choix sera donc de se conformer au rythme des phases du scénario : tenter de traiter en mode de communication directe les phases à dominante émotionnelle ou affective forte (séduction, motivation ou dramatisation) et traiter avec des moyens de type différé les moments plus froids, plus intellectualisés (conviction, information, formation). On retrouvera donc ici l'alternance indispensable en même temps que la complémentarité utile des moyens directs et des moyens différés.

Mais il n'est pas sûr que ces choix – théoriquement justes – soient faciles à mettre en œuvre. Vous devrez en effet tenir compte de la réalité des contraintes d'organisation : peut-on rassembler les cibles ? Peut-on passer outre au décalage horaire pour synchroniser une vidéotransmission vers plusieurs lieux situés sur différents continents ? Les intervenants pressentis, quelles que soient leur compétence et leur importance, auront-ils le talent nécessaire à la réussite du direct et la capacité de résistance à son stress ?

S'ajouteront à ces questions des contraintes budgétaires et techniques qui ne permettront pas toujours d'accorder le possible avec le souhaitable. Vous serez parfois amené à faire des choix en « version basse » : diminution du nombre ou de l'importance des opérations menées en direct, passage du direct au faux-direct (par exemple, interviews ou harangues enregistrées et diffusées sur leurs supports). Rappelez-vous, dans ce qui sera pour vous des moments de frustration, que les contraintes diverses sont incontournables et que ne servent à rien les rêves irréalistes non mesurés, ni la grogne des « ah ! si seulement j'avais un budget correct... ». Votre métier et votre talent seront de réussir en assumant les contraintes imposées.

Démarche pratique pour élaborer votre scénario

Vous allez mener le travail d'élaboration du scénario selon les quatre étapes suivantes :

Première étape
Mise à plat des différentes phases de votre stratégie

Vous faites une fiche par phase en précisant à chaque fois :

- Son ordre dans la séquence de votre stratégie.
- Son ressort principal.
- Les différentes contraintes que vous avez déjà identifiées.

Deuxième étape
Représentez chaque phase selon le modèle du processus

- Précisez l'état des cibles en entrée de la phase.
- Précisez ensuite l'état des cibles en sortie de la phase (vous précisez donc en même temps la transformation opérée pendant cette phase).
- Identifiez les critères de réussite de cette transformation.
- Vérifiez que la liaison entre les différentes phases est bien assurée : chaque état de sortie d'une phase doit correspondre à l'état d'entrée dans la phase suivante.

Troisième étape
Répartir les éléments de message entre les différentes phases

Vous découpez tout d'abord le contenu du message tel qu'il a été défini et analysé dans le cahier des charges (voir chapitre 3), puis vous répartissez ces éléments entre les différentes phases. Cette répartition se fera selon les critères suivants :

- Les critères logiques propres à la matière :
  - nécessité d'antériorité logique de certains concepts par rapport à d'autres ;
  - choix de redondances pour les points forts, en arrivant à les traiter, si possible, dans des registres différents pour éviter l'effet lassant de la simple répétition.
- Les critères liés aux ressorts des phases :
  - messages simples et forts pour les phases à dominante affective ;
  - messages logiques et structurés pour les phases d'information ;
  - absence de message, au profit de simples éléments culturels communs aux cibles (culture métier et/ou culture d'entreprise) pour les phases de mobilisation, etc.

Quatrième étape
Définissez le processus de transformation de chaque phase

Il peut s'agir soit d'un processus simple à action unique, soit d'un processus composé d'une chaîne de plusieurs actions séquentielles.

Il va de soi que, plus le message est complexe, plus le processus mis en place sera composé d'un nombre important d'actions successives cohérentes les unes avec les autres.

Maintenant vous avez décomposé, défini et organisé tout ce qui comportera votre opération de communication.

La « route » entre le point de départ et le point d'arrivée est donc nette et précise. Vous connaissez les états transitoires des cibles que vous cherchez à obtenir à tous les moments de votre opération. Vous êtes donc prêt à choisir les moyens qui seront les plus efficients.

Les différents moyens à mettre en œuvre font justement l'objet du prochain chapitre.

Entraînez-vous

Vous allez vous entraîner à élaborer un scénario de communication : reprenez le cas n° 1 que vous avez traité à la fin du précédent chapitre.

- Vous avez sous les yeux les différentes phases qui composent la stratégie que vous avez élaborée (dans le cas contraire, vous ne pouvez pas faire ce travail ! Le mieux serait donc de retourner à la fin du chapitre 4 et de faire cet exercice oublié...).
  Reprenez-les et faites pour chacune d'elles une fiche comportant :
  - l'état d'entrée et de sortie de vos cibles ainsi que les critères de réussite de la transformation ;
  - la part de discours que vous lui attribuez ;
  - la ou les façons de « traiter » vos cibles pour que la transformation ait effectivement lieu. Ces actions constituent le processus de la phase.
- Bien sûr ce travail est à faire pour chaque phase identifiée dans la stratégie.
- Pour finir, vérifiez la justesse des enchaînements.

Si vous n'avez que cinq minutes

- Construire le scénario de votre opération, c'est traduire dans des actions et des faits les différentes phases de la stratégie.
- Chaque phase sera traitée comme un processus et chargée d'assurer une partie définie de la transformation complète des cibles. La nature de cette transformation est liée au(x) ressort(s) de la phase en question.
- Chaque phase sera chargée de véhiculer une partie du discours complet. Celui-ci sera donc découpé et réparti selon des règles logiques, des recherches d'effets ou des formes de rhétorique.
- Vous utiliserez alternativement des situations de communication directe ou différée.
- Pour connaître la démarche pratique de construction du scénario, reportez-vous au paragraphe « Démarche pratique pour élaborer votre scénario » (page 83).

Chapitre 6
Tous les moyens pour communiquer

De quels moyens[1] disposez-vous ?

La seule situation de communication qui se passe de « moyens » est celle qui concerne deux ou trois personnes en train d'échanger ou de conserver de façon plus ou moins formelle. Bavardage de couloir, échange organisé, réunion ou déclaration d'amour... la proximité des personnes concernées suffit généralement et l'échange de paroles ne requiert l'aide ou l'appui d'aucun moyen supplémentaire. Cette situation de communication est le plus souvent vécue sans autre travail préparatoire que la prise de rendez-vous des protagonistes.

Dès que vous quittez ce registre banal, et que vous élaborez, comme vous savez maintenant le faire, cahier des charges, stratégie et scénario, vous êtes dans la plupart des cas amené à choisir des « moyens » de communication. Regardons cela de plus près.

Les premiers moyens qui vous viendront à l'esprit sont tous les outils que les technologies mettent à votre disposition. Ils appar-

1. Pour plus de clarté, nous avons choisi de ne pas développer dans ce chapitre les technologies de communication dites « nouvelles » qui font, bien entendu, partie des moyens à votre disposition. Le chapitre 9 leur est entièrement consacré. Vous pouvez vous y reporter, si vous en éprouvez le besoin, au cours de votre lecture de ce chapitre.

tiennent à différentes familles d'origines, de complexités et d'utilités très différentes.

- Les outils « papier » (notes, journaux, tracts, fiches et affiches...) et leur filière de production : rédaction, illustration, mise en page, réalisation, impression, diffusion[1].
- Les outils « chimiques » (photos, documents projetables et rétro-projetables, films) et leur filière de production : prise de vue, travail de photo-graphisme, développement, tirage, diffusion.
- Les outils « électroniques » qui rassemblent trois lignes différentes et complémentaires :

• La ligne « analogique » qui comprend le son et la vidéo non digitaux, diffusés et/ou stockés sur bandes.
• La ligne « numérique » directement issue des outils et techniques informatiques. Elle rassemble les moyens de création et de traitement des images et des sons digitalisés, les mémoires d'images et de sons à accès direct (Compact-disc, vidéodisque, DON, CD-ROM, CDI...), les ordinateurs, les bases et banques de données, les systèmes et réseaux télématiques[2].
• Une troisième ligne, celle des télécommunications, regroupe les outils de transport de l'information soit par câble, soit par système hertzien terrestre, soit encore par satellite.

Bien entendu, dans ces chapitres, nous ne parlerons que des outils techniquement utilisables et qui font l'objet d'une offre commerciale crédible et fiable.

Et puis, parmi les moyens que vous aurez à utiliser, il y a les personnes : celles qui ont à transmettre une image (les vedettes), celles qui mettent en jeu une autorité (les leaders), celles qui garantissent les informations (les experts et les témoins) et celles

---

1. Les moyens de PAO (Publication Assistée par Ordinateur) ont considérablement modifié le travail lié à la production des documents imprimés. Les différentes fonctions et tâches sont maintenant intégrées, beaucoup plus rapides et moins coûteuses à réaliser. Bien sûr, l'étape suivante est la PAO... sans papier, d'écran à écran. Internet, par exemple !
   Les imprimantes couleur et des logiciels de mise en page très bon marché mettent l'édition à la portée de n'importe qui, pour un coût dérisoire.
2. Ne vous laissez pas effrayer par ce vocabulaire. Chaque terme identifie des outils très précis. Ils vous sont décrits pour la plupart au chapitre 9.

dont le rôle est de faciliter le passage des messages (les animateurs ou les médiateurs).

> **Règle n° 1**
>
> Pour réussir votre communication, vous disposez a priori de tous les moyens : personnes et outils.

N'oubliez pas que les personnes utilisées en direct sont les moyens les plus aléatoires : ils sont capables de l'exceptionnel comme du pire... Mystère de la liberté et de la réactivité, la prestation des personnes, même si elle est répétitive, ne sera jamais identique.

Dans une opération de communication, à quoi servent les personnes ?

Au risque de froisser notre vieil humanisme, il faut admettre que, dans le domaine qui nous intéresse en ce moment, la personne n'est qu'un moyen parmi d'autres de parvenir aux résultats définis. Elle ne vaut ni plus ni moins que les autres moyens utiles. Son intervention ne se justifie que par son utilité propre dans le processus de communication. Faire plancher un président n'est pas une fin en soi. La seule question qui se pose est de savoir s'il est, dans une phase du scénario, le moyen le meilleur pour réussir. Cela revient donc à parler du rôle qui lui est attribué. Il n'interviendra donc jamais « ès qualité », mais pour assurer le rôle que vous lui aurez confié dans un processus défini.

Ce rôle devra être compatible avec trois caractéristiques :

1. Son image dans l'entreprise et ce qu'on attend de lui (les gens de théâtre diraient son « emploi »). Notez que l'on peut parfois décider de prendre les gens « à contre-emploi ». Cela crée toujours un effet de surprise et parfois de rejet (non-crédibilité ou suspicion a priori) qu'il faut évaluer et gérer.

2. Sa capacité à assurer le choc de la communication qui est souvent un moment émotionnel fort pour l'émetteur aussi...

3. Son talent à communiquer par le dit et le non-dit. Il y a dans ce domaine de nombreux spécialistes en communication et/ou en « image » capables d'entraîner des orateurs potentiels à maîtriser leur façon d'être, d'agir et de parler en public ou devant des caméras.

Si l'on accepte l'idée que l'aseptisation des mots et des idées est un progrès, c'est sans doute à ces nouveaux gourous, maniaques du sondage, qu'on le doit ! On leur doit aussi la triste et grandissante désaffection pour les personnages publics, surentraînés du sourire et de la « petite phrase » et, par voie de conséquence, la même désaffection pour ce qu'ils représentent dans l'État ou dans l'entreprise...

C'est à vous qu'il appartient, en relation avec le scénario, de définir exactement et d'imposer le statut de chacun des intervenants. Leur attitude, leur message, leur discours, leurs effets doivent être précisément et uniquement définis par rapport à ce rôle.

R*ègle n° 2*

À chaque fois que vous utilisez une personne dans un processus de communication, donnez-lui un rôle précis et un statut défini.

En voici quelques exemples :

- Le *témoin* participe à des phases où il faut informer et convaincre. Il est, par essence, objectif. Son comportement est donc calme, illustratif, égal, quels que soient les triomphes ou les catastrophes qu'il évoque. Il a vu, donc il sait ; il parle, donc il convaincra.
- L'*expert* est un homme de l'art. Il participe à des phases de formation ou d'information. Il est souvent assisté d'un médiateur (voir plus loin) chargé de rendre compréhensible, par « trans-

codage[1] », commentaire ou traduction, des messages que leur spécialisation ou une trop grande difficulté technique rendraient incompréhensibles à tout ou partie des cibles.

Il peut participer à des phases de scénario plus émotionnelles à titre de caution morale : « Oui, Messieurs ! La situation de notre filiale est grave ! D'ailleurs, s'il en était besoin, notre expert financier pourrait vous expliquer pourquoi... » Mais il suffit souvent que ledit expert hoche la tête d'un air grave et entendu pour que le propos dramatisé s'alourdisse de tout le poids de l'expertise voisine restée pourtant muette.

– Le *chef* incarne la sécurité, l'autorité, la décision. Ès qualité, il véhicule et représente l'image de l'entreprise en même temps que celle du père. Charismatique (ou rendu prétendument tel par son conseiller en image), il incarne et transcende l'entreprise dans toutes ses valeurs. Il « est » à lui seul cette entreprise. Aujourd'hui, Microsoft, « c'est » Bill Gates, la Générale des Eaux maintenant Vivendi, c'est Jean-Marie Meissier, et vice versa. Jusqu'à son éviction dernière, le Club Med, c'était Gilbert Trigano. On se rend compte de la puissance d'une personne « médiatique » dans une opération de communication. Elle peut faire faire n'importe quoi ! Telle est la force de ces (bons) patrons-gourous. Ils n'ont, en revanche, aucun droit à l'erreur, surtout pas à la cécité.

Soyez prudent si vous souhaitez utiliser des « chefs » de ce type : ils sont rarement manipulables et se plieront parfois difficilement aux rôles que vous avez définis pour eux dans votre scénario.

Si votre patron n'a pas (chromosomiquement ou par acquis...) un tel talent, c'est à vous de le diriger et de le mettre dans une situation telle qu'il paraisse l'avoir. C'est à vous de le mettre en scène et de lui tailler sur mesure un costume de leader. Quand il doit être « le chef » n'en faites pas, ou alors, ne le laissez pas paraître, un Président de Conseil d'Administration. Quand il doit

1. « Transcoder » un message consiste à l'exprimer dans une autre culture (culture métier ou culture d'entreprise) que celle de son origine. Par exemple, on transcodera des messages juridiques ou financiers, complexes et très techniques d'origine, dans une forme accessible aux clients d'une banque, d'une compagnie d'assurance ou d'une organisation professionnelle. Cette opération est nécessaire dès que l'on quitte le mode de communication de spécialiste à spécialiste.

être le mobilisateur de son entreprise, n'en faites pas un ingénieur, un commerçant ou un comptable.

– Le *médiateur* ou le meneur de jeu est celui qui établit le courant entre les émetteurs et les récepteurs, qui facilite la compréhension, qui souligne, qui fait reformuler, qui questionne, qui demande, qui fait approfondir...

Ce « Monsieur Loyal » est le représentant de ceux qui parlent comme de ceux qui écoutent. Les dieux autant que les hommes ont besoin de messagers, de « go between », comme disent joliment les Anglais... parce que le langage des dieux n'est pas tout à fait celui des hommes et qu'entre le ciel et la terre il y a parfois des malentendus. La communication qui fonctionne s'interdit les malentendus. Le médiateur est là pour faciliter le contact. Il faut pour cela qu'il soit reconnu et accepté tant par les hommes que par les dieux.

Son choix est donc capital. Vous pouvez le prendre dans l'entreprise à condition qu'il ne soit ni servile, ni démagogue, ni suspect à l'un ou l'autre côté de la rampe. Vous pouvez aussi le choisir en dehors de l'entreprise (journaliste, pédagogue, vulgarisateur) à condition qu'il accepte de découvrir suffisamment les partenaires pour connaître leurs vraies questions et leurs attentes profondes.

Méfiez-vous cependant des « vedettes » (la mode actuelle est d'utiliser trop souvent les stars du journalisme audiovisuel...). Ce n'est qu'un signe extérieur de richesse... Et les stars attirent trop l'œil (et aiment trop le faire) pour être capables de mettre en valeur ceux qu'elles fascinent. On ne demande pas aux médiateurs de faire autre chose que de faciliter une communication et un dialogue difficiles.

À quoi servent les outils ?

Peut-on dire que les outils de communication servent, en eux-mêmes, à une chose plutôt qu'à une autre ? Sans doute est-il plus intéressant de voir qu'une technologie peut être utilisée de différentes façons en fonction du rôle que l'on a défini pour elle.

Ceci nous amène à proposer trois règles importantes :

1. Un outil, quelle que soit la technologie (c'est vrai du papier comme d'Internet), n'a d'intérêt et d'efficacité qu'en fonction du rôle qu'on décide de lui assigner à l'intérieur d'un scénario de communication.

2. Un même outil peut donc être utilisé de différentes façons et avec des résultats différents.

3. A contrario, pour parvenir à un résultat, il est souvent possible de proposer plusieurs outils disponibles parmi lesquels on choisira le plus opportun, en fonction des contraintes de la situation à traiter.

Enfin, il ne faut pas confondre le rôle et l'utilité d'un outil avec le contenu du message qu'il véhicule. Par exemple, la vidéo n'est pas en soi mobilisatrice, explicative ou dérangeante. C'est l'usage qu'on en fera qui la rendra telle, comme aurait pu l'être sans doute un film, un discours ou une affiche.

Règle n° 3

Un outil n'a pas d'utilité en lui-même. C'est à vous de lui attribuer un rôle.

Alors, pour obtenir quel(s) résultat(s) peut-on utiliser les outils de communication ? Pour simplifier la réponse à cette question, nous avons différencié cinq types d'usage.

Premier type d'usage : les outils qui amplifient la communication

Une amplification suppose une « émission minimum ». Le rôle de l'outil est alors de multiplier la puissance de cette émission. Cette amplification peut porter sur le son seul ou bien sur le son et l'image. Les deux principaux outils d'amplification sont les moyens de sonorisation (micros, régies son, amplificateurs et haut-parleurs de diffusion) et les moyens de téléprojection (caméras, régies-image, téléprojecteurs et/ou écrans vidéo).

En fait, il s'agit rarement d'une amplification pure et simple qui se limiterait à la seule augmentation quantitative de la réalité. L'effet d'amplification passe souvent par une modification qualitative des objets amplifiés : l'éclairage, l'angle de prise de vue, le cadrage, qui sont autant de choix des réalisateurs, génèrent des effets qui participent aussi à l'amplification[1]. De la même façon, les ingénieurs du son peuvent, à coup de filtrages divers, donner de la « présence » à un orateur, de la « distance » à un autre ou encore éteindre la prestance vocale d'un troisième.

Les outils amplificateurs permettent d'obtenir essentiellement trois effets :

1. l'effet de proximité : impression forte de présence d'un orateur, d'un groupe ou d'une situation auprès d'une grande quantité de cibles (grandes salles et grands groupes) ;

2. l'effet d'agrandissement : mise en valeur d'une personne, d'un détail (geste, regard, attitude) ou d'un objet ;

3. effet d'individualisation : impression d'interpellation personnelle pour chaque membre d'un groupe, grand ou petit. Cet effet, efficace et facile, est le résultat de trois « trucs » de réalisation : un cadrage serré, un regard en plein dans l'objectif de la caméra et un discours à la deuxième personne...

Les outils qui soulignent

Le mot est à prendre au sens banal du terme : comme on souligne dans un texte les points à mettre en valeur ou les articulations. Il s'agit en quelque sorte d'une amplification non plus physique mais logique de ce que l'on veut mettre en relief.

Le moyen le plus facile de souligner (on pourrait dire aussi bien de « surligner »...) consiste à associer un élément visuel à un discours sonore ou, à l'inverse, un son spécifique à des images.

Voici quelques exemples d'outils pour souligner :

1. Ce n'est pas par hasard que, pour les débats politiques préélectoraux, les états-majors rivaux définissent de véritables protocoles de prises de vues et de réalisation de façon à obtenir, presque contractuellement, un semblant de neutralité des images.

- Les aides visuelles.

C'est le cas le plus fréquent : les points-clé d'un discours sont illustrés ou simplement cités par une image que l'on associe au texte prononcé.

Différentes techniques le permettent. La plus utilisée est celle des transparents (pour rétroprojecteur) ou des diapositives que l'orateur, ou un opérateur, affiche aux moments cruciaux ou aux articulations d'un exposé. Chiffres importants, organigrammes, graphiques divers attirent l'attention et facilitent la mémorisation. Aujourd'hui des logiciels de création et de diffusion d'images graphiques[1] en couleurs sur micro-ordinateur s'y prêtent bien et ajoutent à l'image statique l'impact d'une animation qui peut être utile à condition qu'elle ne devienne pas un gadget systématique.

L'efficacité de ce surlignage est liée au respect de deux règles. La première est celle de la sobriété. On ne doit mettre en valeur que l'essentiel. En voulant trop souligner, on ne souligne plus rien... La seconde est de synchroniser parfaitement l'élément visuel avec les mots auxquels il correspond. Toute désynchronisation (trop tôt ou trop tard...) crée un effet de distorsion de sens qui dérange l'auditeur et, en faisant décrocher son attention et sa compréhension, aboutit à l'effet exactement inverse de celui qui était recherché.

- Les effets visuels électroniques.

Il s'agit des trucages (souvent appelés « incrustations ») que l'on ajoute en régie à une image vidéo, que l'on soit en situation de direct ou de différé. On peut lui ajouter un texte (mots-clé, slogan, nom, chiffres, etc.) ou des graphiques simples (parts de marché, courbe significative, pictogramme, schéma, etc.). Ces éléments surajoutés doivent être, eux aussi, parfaitement synchronisés et immédiatement compréhensibles.

- Les effets sonores.

Leur rôle essentiel est de rappeler l'attention sur un point important au moment où elle pourrait être relâchée. Le son ou le jingle agissent comme un signal de rappel. Ils doivent être courts et discrets. Ils peuvent être aussi utilisés comme indicateurs d'un changement (passage d'un point à un autre, changement de sujet

---

1. Le plus utilisé aujourd'hui est Powerpoint de Microsoft.

ou d'orateur, par exemple). Dans ce cas ils ont un effet de « respiration » très utile pour détendre puis resynchroniser l'attention de l'auditoire (c'est le moment où les auditeurs toussent et se recalent sur leurs sièges...). Là encore il faut éviter les abus : à être trop utilisé, le signal sonore perd de sa force et devient vite un tic exaspérant.

Les outils pour remplacer ou relayer

Dans de nombreuses situations de communication, il vous sera impossible de montrer la réalité, choses ou personnes, en direct. Vous serez alors obligé de recourir à des moyens de remplacement. Deux cas fréquents de ce type de situation :

- Les émetteurs et/ou les récepteurs ne sont pas disponibles en même temps. Vous êtes donc obligé de mettre les orateurs ou votre plateau « en conserve »... Vous créez soit en studio, soit au cours d'une situation de direct, une bande vidéo, un film ou un montage audiovisuel que vous diffuserez ensuite, quand les cibles seront disponibles, autant de fois qu'il le faudra.

La situation n'étant plus la même, puisque vous passez du direct au différé, vous serez obligé de travailler les « rushes » (résultats immédiats et bruts de la prise de vue et de son) pour en supprimer les défauts : longueurs, erreurs, hésitations, tics divers. Ce qui était utile, vivant ou amusant en direct devient souvent gênant, ridicule voire insupportable en différé. Vous ajouterez aussi des titres, des sous-titres, un générique, éventuellement de la musique pour que votre « conserve de direct » devienne un produit fini efficace et autonome. Ne sous-estimez ni le temps ni le budget nécessaires à cette opération indispensable.

- Autre possibilité : vous voulez montrer ce qui n'est pas montrable ! Vous souhaitez rappeler un événement passé, présenter des situations, des lieux, des faits qui ne sont pas transportables ou reproductibles au moment utile. Dans tous ces cas vous serez obligé de recourir au reportage en images fixes, en film ou en vidéo pour apporter à vos cibles une image, même dégradée par la distance ou le différé, de la réalité.

En outre, certaines réalités ne sont pas présentables en tant que telles, en vraie grandeur et imposent une mise en images réelles ou simulées. Quelques exemples en vrac : une expérience dangereuse, un fonctionnement invisible (par exemple, tout ce qui touche à l'électricité ou à l'électronique ne se « voit » pas...), des situations microscopiques (chimie, médecine) ou macroscopiques (géographie, économie, finances), ou encore des structures conceptuelles, imposent très souvent le recours à des productions d'images originales d'où naîtront le sens et la communication.

Les outils pour diffuser les messages

Nous rangeons dans cette catégorie toutes les technologies qui permettent de traiter le double problème du nombre des récepteurs et de la distance qui peut les séparer des émetteurs. Ce sont souvent les mêmes technologies qui assurent à la fois la démultiplication du message auprès de cibles nombreuses et la télédiffusion vers des cibles lointaines.

Avant d'évoquer des moyens plus complexes et souvent plus coûteux, faisons un sort à l'utilisation de simples copies d'un message original. Dès qu'un message est formalisé sur un support, il est possible, à partir du « master[1] », de faire autant de copies qu'il y a de pôles d'utilisation. C'est vrai pour les documents papier (livres, fiches, journaux, affiches, publications diverses), c'est vrai aussi des photographies, des films, des cassettes son ou vidéo. Et, pour diffuser ces supports légers après leur duplication, la solution la plus pratique est souvent le recours au service courrier des

1. Le « master » est le document, quel qu'en soit le support technologique, qui est directement issu de la réalisation : photo ou page originale, « copie zéro » en son ou cinéma, support informatique source...
S'il s'agit de supports analogiques (photo, document papier, vidéocassette ou cassette son) le master est toujours de meilleure qualité que sa copie, l'opération de copiage produisant une « fille » moins bonne que sa « mère ». C'est pourquoi le master est généralement réalisé dans un standard de très bonne qualité, mais cher. Par contre les copies sont faites sur des supports de qualité moindre, mais moins coûteux et plus faciles à diffuser.
À l'inverse, les technologies digitales permettent des duplications de qualité 100 % égale à celle des originaux. La copie dite « bit à bit » n'apporte aucune dégradation.

entreprises ou à La Poste. Pourquoi choisir des solutions compliquées quand elles peuvent être simples ?

Cependant, certains choix, certains scénarios ou certaines situations imposent la mise en place de systèmes complexes de télédiffusion.

Par exemple, si vous souhaitez un effet de direct ou simplement une synchronisation parfaite des réceptions, vous serez obligé de passer par un réseau.

Dans ce cas vous aurez à choisir, dans une panoplie de moyens de puissance et de souplesse différentes, le réseau qui est le mieux adapté à votre besoin.

Les outils pour faire exister le message

Il s'agit ici des outils de communication qui fonctionnent de façon autonome et servent de support à la communication sans l'aide de personne. On peut les classer en trois catégories : les outils passifs, les outils actifs et les outils interactifs.

- Les outils dits « passifs » sont de simples supports. Ils organisent et conservent l'information. La dynamique est donnée de l'extérieur par l'usage que les cibles de la communication en font. Dans cette catégorie entrent essentiellement les outils à base de support papier : journaux, documents, courrier, affiches.

Leur efficacité est liée, bien sûr, à la qualité de leur conception et de leur réalisation, mais essentiellement à la pertinence de l'utilisation qui en est faite. Et, puisqu'ils sont totalement statiques, cette qualité d'usage repose sur les utilisateurs. Vous ne pouvez donc ni la maîtriser, ni même l'encadrer.

- Les outils dits « actifs », à l'inverse des précédents, sont porteurs d'une dynamique et d'un rythme propres qui les imposent aux utilisateurs. Entrent dans cette catégorie les films vidéo, les films et les diaporamas.

Sur quoi repose cette dynamique utile pour imposer un sens de lecture et de compréhension ? Sur le fait qu'ils ont une durée, un rythme et un déroulement séquentiel auxquels les utilisateurs se soumettent, bon gré mal gré. C'est cette durée même qui capte l'attention, la garde et fait passer les messages de l'émetteur, absent le plus souvent au moment de la diffusion, vers ses cibles. Mais le message est unique, donc identique pour tous les récepteurs, quels que soient leurs appétits et leurs attentes.

- Les outils dits « interactifs », eux, permettent d'adapter le discours à la demande, aux besoins et aux attentes de chaque cible. À partir d'un support unique, ils autorisent un discours et un parcours personnalisés ou, du moins, personnalisables. Nous consacrerons le chapitre 8 à l'étude de ces outils vraiment nouveaux que les technologies de traitement et de stockage numérique des données mettent à notre disposition.

Reste un problème de taille : quels moyens choisir ? Et surtout, en fonction de quels critères faire un ou plusieurs choix ?

Nous venons de voir quels étaient les moyens disponibles et à quoi ils pouvaient servir. C'est au problème du choix et à l'exposé d'une méthode pour encadrer rationnellement ce choix que nous allons consacrer le prochain chapitre.

Entraînez-vous

Vous ferez le travail pratique lié à ce chapitre en même temps que celui du chapitre 9.

Si vous n'avez que cinq minutes

- Les moyens utilisables dans un processus de communication sont de deux types : il y a les personnes et les outils.
- Ni les uns, ni les autres n'ont un rôle unique en eux-mêmes. Ils rempliront celui ou ceux que vous leur attribuerez.

- Les personnes intervenant dans un processus de communication peuvent être témoins, experts, chefs ou médiateurs.
- Les outils peuvent aussi assurer différentes fonctions : amplifier la communication, souligner et mettre en relief, remplacer et relayer des éléments difficiles ou impossibles à montrer, diffuser et démultiplier les messages ou, enfin, rendre la communication autonome.

Chapitre 7

Les nouvelles technologies : des outils puissants pour mieux communiquer

La vraie nouveauté technologique

Utiliser les nouvelles technologies de communication, c'est d'abord les connaître, ensuite les choisir à bon escient et, enfin, les mettre en œuvre. Il s'agit d'un domaine où les idées fausses fleurissent facilement, venant aussi bien des admirateurs béats que des détracteurs aveugles. Dans ce monde des outils nouveaux de communication, tout va très vite : la durée de vie des produits ne dépasse souvent pas six mois et, comme si c'était encore trop lent, les faiseurs de miracles marketing annoncent un peu trop vite des produits qui n'existent encore que sur le papier... Le monde de la technologie dite communicante est, à cause de ses enjeux économiques fabuleux, le lieu de batailles sordides et homériques pour passer en force et imposer des marques ou des produits dans un laps de temps très court. L'utilisateur que vous êtes peut laisser quelques cicatrices dans ces combats dont il n'est qu'un des enjeux.

Nous ne parlerons donc que des outils qui existent réellement et peuvent être achetés et maintenus en état de marche dans des circuits technico-commerciaux classiques. C'est là, nous semble-t-il, une règle valable pour tous les communicateurs : ne jamais ajouter aux difficultés propres à leur fonction le risque supplémentaire de technologies peu fiables ou d'appareils prometteurs, certes, mais encore à l'état de prototypes. N'utilisez que des moyens qui ont déjà fait leurs preuves depuis longtemps et dont la diffusion garantit un minimum de durée. Ne vous prenez pas pour les pilotes d'essai de la nouvelle communication !

Les technologies de communication se sont développées dans trois directions distinctes : l'informatique, les télécommunications et le traitement numérique des images et des sons. Cette distinction, pour pratique qu'elle soit, est un peu artificielle : contrairement à ce qui se passait à leur origine, les technologies ont maintenant convergé dans des outils et des systèmes de communication. Les développements les plus intéressants se situent à l'intersection de deux, voire de trois des directions évoquées.

Prenons rapidement deux exemples simples et connus de tout le monde : le multimédia et Internet. Le premier stocke sur un support digital (le CD-ROM) des images fixes ou animées et des sons digitalisés. Il en organise le parcours et la diffusion audiovisuelle sur l'écran selon des processus dits « interactifs » pilotés par l'utilisateur et gérés par le micro-ordinateur. Internet vous offre à peu près les mêmes résultats, à une différence près qui est de taille : l'ordinateur qui traite votre demande et vous envoie des textes, des images et des sons peut être à des milliers de kilomètres de chez vous ! Il emprunte un réseau de câbles, de faisceaux hertziens et de satellites. Voilà bien réunies nos trois directions de développement. Ces deux outils phares de la communication moderne ont été rendus possibles par le phénomène technologique majeur de cette fin de siècle : la possibilité de tout « numériser ».

La révolution du « tout numérique »

Dans son dernier best-seller, *L'Homme numérique*, Nicholas Negroponte, le gourou des nouveaux médias qui officie au fameux MIT (le Massachusetts Institute of Technoloy de Cambridge), montre bien comment tout ce qui est information est aujourd'hui « codé » sous forme de nombres, d'où le nom de « numérique ». Ces nombres sont composés de chiffres décimaux et ceux-ci ramenés à leur expression binaire, donc à des chaînes de zéros et de uns. Le mot « information » est à prendre ici en son sens le plus large : celui de « données ». Textes, schémas, images fixes, images vidéo animées, sons ou processus de traitement informatique, toutes ces informations peuvent donc être créées, stockées, transportées et traitées sous la forme unique de séries de deux chiffres élémentaires, 0 et 1, codés sur des supports physiques par des « bits » (binary digit) qui peuvent prendre ces deux valeurs binaires. C'est là que se trouve l'origine de la nouvelle communication, qu'il s'agisse du multimédia ou d'Internet.

Il existe aujourd'hui différentes mémoires[1], en fait différents types de « supports » pour conserver ces données numérisées. Ils répondent à des besoins différents de l'utilisateur. Le premier de ces besoins consiste à conserver des données et des processus de traitement sans que l'on souhaite les modifier. Il peut s'agir, par exemple, des données d'une encyclopédie, d'un film vidéo ou d'un programme de jeu. On utilisera alors un support à accès rapide dit « en lecture seule » ou, en anglo-américain, ROM pour « Read Only Memory ». Le support à la fois le plus ouvert à de grosses quantités d'information binaires, le plus fiable et le plus rapide d'accès est le « Compact Disc » ou CD qui ressemble comme un frère au CompacDisc son qui a révolutionné la qualité et le confort de l'écoute musicale. Voilà l'explication du support d'information le plus commun aujourd'hui, le CD-ROM[2].

1. Les mémoires « vives » ne conservent les données que de façon transitoire : elles s'effacent dès que l'ordinateur n'est plus sous tension. Les mémoires « mortes » et les mémoires de stockage conservent les données sans limitation de durée, jusqu'à ce qu'elles soient détruites ou remplacées par d'autres.
On distingue deux types de ces mémoires : les mémoires ROM (Read Only Memory) sur lesquelles on ne peut rien supprimer, changer ni ajouter. Par exemple, le CD-ROM standard. Elles contiennent une fois pour toutes programmes et/ou données. Les autres, essentiellement les supports magnétiques (bandes, disques, disquettes), ou les nouveaux CD-ROM réinscriptibles, peuvent être à la fois lues et écrites.
2. Un CD-ROM peut contenir environ 600 millions de caractères, soit à peu près 25 000 images de qualité informatique. Les caractéristiques du CD-ROM sont standardisés. Sur un support de12 centimètres de diamètre identique à celui des disques

De nouvelles générations de CD-ROM sont déjà disponibles, même si aujourd'hui, elles ne sont pas encore très diffusées. Il s'agit d'abord des CD-ROM réutilisables sur lesquels on peut effacer et réécrire des données. Leur nom technique est CD-RW (Compact Disc ReWritable). Enfin, un nouveau support a fait l'objet d'accords techniques entre les géants de l'électronique, le DVD (Digital Versatile Disc). Il a les mêmes dimensions que le CD-ROM, mais il permet de stocker à peu près huit fois plus de données que le CD classique sur chaque face. Puisqu'il peut être utilisé sur ses deux faces, il permet de conserver et de diffuser l'équivalent de deux films long métrage de qualité « haute définition » avec trois canaux de son. Pour les données qu'il faut effacer, modifier ou actualiser, le support le plus utilisé reste encore la disquette. Sur une surface souple protégée par une cartouche, elle permet d'écrire et de conserver environ 1,45 millions de caractères.

Enfin, nous le verrons plus loin, les réseaux qui maillent la surface de la terre permettent aux données de voyager à une vitesse proche de celle de la lumière. Elles passent d'un point à un autre, bureau voisin ou autre continent, sous la forme d'ondes qui codifient de façon analogique les données binaires que nous connaissons maintenant. Puisque nos nouveaux outils de communication ne traitent, eux, que des données digitales, il est nécessaire de les traduire avant de les faire voyager. C'est la fonction d'un outil que les utilisateurs de réseaux connaissent bien : le modem. Ce « MOdulateur - DEModulateur » a pour fonction de changer le codage physique des données entre l'ordinateur et le réseau, au départ et à l'arrivée[1].

---

audio, les données binaires sont codées dans des « microcuvettes » alignées selon des pistes et gravées dans une couche d'aluminium elle-même prise en sandwich entre deux couches de matière plastique transparente. La lecture est faite par un rayon laser dont la lumière est déviée par les microcuvettes. La déviation du rayon est interprétée par le système électronique comme la présence d'un zéro ou d'un un.

1. Les micro-ordinateurs devenant de plus en plus des machines à communiquer, les modems sont souvent intégrés d'origine par le fabriquant. De leur performance dépend pour une bonne part la vitesse des communications (l'autre part étant liée à la performance du réseau). Leur capacité de traitement se mesure en Bauds. Le Minitel exigeait un modem à 1200 bps. Aujourd'hui, on trouve partout des modems traitant les données en entrée et sortie à 56 000, voire 128 000 bps...

L'informatique : de l'« intelligence » pour communiquer

Le développement actuel et la diffusion de l'informatique concernent essentiellement l'ordinateur individuel, qu'il soit professionnel ou familial. Il fait maintenant partie du poste de travail des cadres et de tous les emplois de type tertiaire. Le gigantesque parc de machines a été rendu parfaitement homogènes par l'émergence de deux standards de fait. Après la déroute marketing et commerciale d'Apple et de la famille Macintosh qui avait, en son temps, révolutionné l'informatique, il ne reste plus, pour le matériel, que le standard PC, le fameux « personnal computer » inventé par IBM. Le standard logiciel a été créé et imposé jusqu'à atteindre une situation de quasi-monopole par la firme de Bill Gates. Après avoir lié la destinée de MS-DOS, son logiciel de base, à celle du PC, Microsoft a définitivement imposé la famille « Windows » à la micro-informatique, qu'elle soit familiale ou professionnelle. C'est donc un extraordinaire potentiel de diffusion et de communication qui est disponible sur le lieu de travail et à la maison. Ajoutons qu'ils ont une puissance de traitement et de stockage qui s'accroît sans cesse alors que les prix du matériel diminuent... Quoi de plus naturel alors que les communicateurs s'intéressent de plus en plus à ce mode de diffusion facile, peu coûteux et « intelligent »[1] de l'information ?

Il est donc fréquent aujourd'hui de recevoir non plus un document mais un CD-ROM portant un message (texte, images,

1. On appelle « intelligent » un système de diffusion qui, par des moyens logiques appropriés, permet de faire plus que de la simple restitution d'information. L'intelligence permet, par exemple :
– la recherche d'informations à partir d'un ou de plusieurs critères ;
– le chaînage d'une information à une autre, assurant ainsi des parcours de recherche ;
– la mise en forme visuelle dynamique de données chiffrées évolutives ;
– l'accès à une même information selon des parcours logiques différents répondant à des types de demandes variés.
C'est une évidente valeur ajoutée à l'information qui est ainsi rendue possible par la logique informatique et ses développements.

séquences vidéo et sons digitalisés) linéaire ou interactif à cheminement variable. L'envoi d'un tel support n'est pas plus difficile que celui d'une simple lettre et il existe depuis longtemps des emballages spécialement conçus. Quant au téléchargement, à travers des réseaux comme Internet, il permet une diffusion immédiate et simultanée à un nombre illimité de cibles qui utiliseront ensuite leur programme comme et quand bon leur semblera.

Une des plus intéressantes des directions de développement de l'informatique, et sans doute la plus fascinante, est celle de l'intelligence artificielle. Différents types d'applications nous intéressent particulièrement : les « dialogues ouverts » et les systèmes experts[1]. Il n'entre pas dans notre propos d'expliquer les différences entre l'informatique classique (dite algorithmique) et la logique nouvelle de l'intelligence artificielle : la question mériterait à elle seule un long chapitre, sinon un ouvrage. Disons simplement que cette nouvelle informatique ne cantonne plus l'utilisateur dans la logique exclusive d'un parcours prédéfini et contraignant. Elle lui laisse le choix d'un nombre illimité de parcours s'adaptant automatiquement à ses attentes ou à ses demandes.

La première application intéressante dans le domaine de la communication est ce qu'on appelle le « dialogue ouvert » avec un ordinateur. Les dialogues habituels avec la machine, ceux que vous pratiquez en manipulant votre tableur ou votre traitement de texte, passent par des séries d'interrogations aussi formelles qu'ennuyeuses auxquelles vous ne pouvez répondre qu'en adoptant, bon gré mal gré, la formulation imposée qui est la seule reconnue par le système. Vous êtes obligé d'en suivre le cheminement prédéfini. Dans le dialogue ouvert, c'est vous qui posez les questions que vous voulez, dans l'ordre que vous voulez, avec les mots et structures de phrases qui sont les vôtres. Les systèmes d'information (téléphone, itinéraires, informations commerciales, techniques ou administratives) sont souvent construit à partir de systèmes experts.

---

1. Pour être plus complet, il conviendrait d'ajouter la robotique et la reconnaissance des formes. Mais ces deux directions, extrêmement riches d'applications industrielles, n'ont pas de rapport évident avec la communication.

La communication est rendue encore plus facile et naturelle si un système de « reconnaissance vocale » vous est proposé. Dans ce cas, vous avez affaire à un quasi-dialogue puisque vous vous adressez directement à la machine en parlant dans un micro. Le système se débrouille pour s'y reconnaître et répondre à la demande que vous avez formulée, souvent en utilisant la technologie symétrique de la reconnaissance vocale qu'est la synthèse vocale. Vous êtes compris sans être obligé de recourir au sabir habituel des logiciels, ni à la souris, ni à l'écran tactile. C'est l'informatique devenue, enfin, naturelle et confortable... De tels systèmes sont techniquement faisables et disponibles aujourd'hui à un prix abordable. Mais, compte tenu de la complexité des traitements qu'ils mettent en œuvre, ils exigent encore des machines puissantes avec beaucoup de mémoire et un processeur très performant.

Les télécommunications : pour transporter partout l'information

Nous avons vu comment utiliser des moyens de télécommunication chaque fois que les émetteurs et les récepteurs n'étaient pas en présence « physique » les uns des autres, c'est-à-dire en relation par le seul usage des sens de la vue et de l'ouïe[1], même s'ils sont aidés par un système d'amplification de l'émission. Dès que la proximité est supprimée, il y a recours obligatoire à des moyens de télécommunication, qu'il s'agisse de relier deux salles voisines d'un même bâtiment ou de passer d'un continent à un autre.

Pour prendre une analogie quincaillière, les télécommunications sont l'art de manipuler avec efficacité de la « tuyauterie »...

1. Le contact doit souvent s'établir dans les deux sens. En effet, le scénario de communication peut prévoir un feed-back systématique. En tout état de cause, vous savez depuis le premier chapitre que, systématisée ou non, utilisée consciemment ou non, il y a toujours une information en retour et que, dans la plupart des cas, chacun est à son tour émetteur et récepteur.

qui véhiculera les informations émises et les informations en retour, quelles que soient les unes et les autres. Continuons cette analogie fluide : avant de poser des tuyaux, il convient d'apporter des réponses à quelques questions utiles. Par exemple :

- Que veut-on transporter ? Du son seul et de quelle qualité - téléphonique ou « HiFi » ? – Du son et des images vidéo, des images fixes, des données informatiques, etc. ?
- Quel débit d'information veut-on assurer ?

De la réponse à ces deux premières questions dépendra le choix de la nature de la tuyauterie et du diamètre des tuyaux. On définira ainsi le type de réseau et les débits, qui sont mesurés en quantités d'informations transportées par unité de temps.

On posera aussi utilement ces autres questions :

- Quels points faut-il relier entre eux ?
- Faut-il établir une liaison dans un sens, dans l'autre sens ou dans les deux sens[1] ?
- Est-ce une liaison provisoire ou définitive, etc. ?

On parviendra ainsi à mieux cerner les besoins en télécommunication liés à une opération. Mais un cas de figure fréquent consistera à utiliser des réseaux déjà en place parmi les infrastructures permanentes disponibles, au niveau local, national ou mondial.

Il existe deux types de réseaux : les réseaux câblés et les autres. Le principe du réseau câblé est de relier les émetteurs et les récepteurs par un ensemble de câbles (coaxiaux de cuivre ou en fibres optiques) de structures et de complexités variables. Ce peut être un réseau d'entreprise reliant entre eux différents points d'un ensemble de bâtiments, voire tous les postes de travail. Cette

---

1. Si la communication passe dans les deux sens, cette double circulation peut se faire de deux façons :
   – soit alternativement dans l'un ou l'autre sens. On parle alors de mode « half duplex » ;
   – soit simultanément dans les deux sens. On parle alors de mode « full duplex ».
   En mode half-duplex, un seul des deux correspondants peut parler à la fois. L'autre doit alors attendre un « blanc » de conversation pour occuper la ligne à son tour. Pour qui ne connaît pas ce principe, il en résulte sinon des quiproquos, du moins l'impression gênante ou frustrante de n'être pas écouté... Une technologie censée rapprocher les gens génère parfois elle-même des incompréhensions !

infrastructure, établie au moment de la construction, est celle des « smart buildings » et représente la branche des applications professionnelles de la « domotique ».

Selon le même principe, mais à une échelle géographique plus grande, fonctionnent les réseaux câblés des villes nouvelles et des technopoles. Enfin, au niveau national, le RNIS (Réseau National à Intégration de Services), qui remplace peu à peu l'ancien réseau téléphonique, permet d'établir des communications multifonctions entre toutes les « prises » reliées. Bien sûr, chaque réseau a ses caractéristiques qui lui permettent de transporter tel et/ou tel autre type d'informations : son de plus ou moins grande qualité, images fixes ou animées de plus ou moins haute définition, données informatiques, etc. En règle générale, plus le débit du réseau est important, plus les informations transportées sont riches. Aujourd'hui, c'est la fibre optique qui offre les débits les plus grands. C'est malheureusement encore la technologie la plus délicate à manipuler et la plus coûteuse à mettre en place.

Les réseaux hertziens offrent des débits énormes, systématiquement adaptables à tous les besoins des utilisateurs. Ils permettent donc toutes les combinaisons en matière de communication :

- liaisons vidéo d'un point à un autre (duplex) avec (ou sans) retour par son et/ou image ;
- liaisons vidéo d'un point à plusieurs autres (multiplex) avec (ou sans) retour par son et/ou image.

Plus la combinaison des liaisons est compliquée, plus la régie de « dispatching » sera elle-même complexe et plus le travail du réalisateur de direct sera lourd et risqué. Les liaisons hertziennes peuvent être établies de deux façons différentes. La première consiste à utiliser une série de relais (vous savez, ces tours bardées de paraboles plantées sur le haut des collines...) en assurant les connexions, de point et point, depuis le lieu d'émission jusqu'aux lieux de réception, avec un éventuel retour. Cela implique, bien sûr, la disponibilité de « voies » sur ces relais et l'établissement de cette chaîne hertzienne de communication.

La seconde consiste à passer par l'intermédiaire d'un satellite. Les points d'émission et de réception visent le satellite (qui est placé sur une orbite telle qu'il reste toujours à la même place par rapport à la terre, d'où son nom de « satellite géostationnaire »).

La communication peut alors passer dans les deux sens, en duplex ou multiplex. C'est simple à mettre en place et les matériels nécessaires sont facilement transportables. Les utilisateurs payent le « transporteur » selon un tarif généralement lié au matériel, au temps d'utilisation et au volume des informations transportées.

La révolution Internet

Parmi les réseaux disponibles pour tous les usages, personnel, professionnel ou commercial, le plus nouveau et le plus intéressant est sans doute Internet... Il s'agit en fait d'une véritable révolution technique et culturelle qui se passe dans le monde depuis quelques années et qui risque de bouleverser nos façons de communiquer. Certains affirment qu'Internet apporte avec lui des changements en puissance aussi importants que ceux qui suivirent l'irruption de l'imprimerie en 1444. Aujourd'hui, Internet relie de façon fiable, souple et peu coûteuse[1] environ 115 millions de possesseurs de micro-ordinateurs équipés d'un Modem et connectés à une prise téléphonique. Ils constituent la plus gigantesque toile d'araignée (en anglais : « web »...) jamais réalisée : le World Wide Web (pour les initiés, le WWW).

L'histoire d'Internet commence par une application militaire à l'époque de la guerre froide, il y a environ trente ans. Dans les années 60, les dirigeants du Pentagone confièrent à l'ARPA

1. Bien sûr, l'accès à Internet n'est pas totalement gratuit pour l'utilisateur. Son coût se compose de deux postes principaux. D'abord une facturation d'un abonnement au « fournisseur d'accès » (ISP, ou Internet Service Provider) qui, par l'intermédiaire d'un numéro de téléphone, vous relie au Net. Cette facturation est soit forfaitaire, soit liée au temps de connexion. Il existe des caractéristiques différentes et des facturations différentes pour les usages personnels et professionnels. Le second poste de facturation est lié au temps d'utilisation des lignes de France Télécom (ou d'un autre opérateur de téléphonie) puisque l'accès au fournisseur d'accès passe par une ligne téléphonique. Le tarif est le plus souvent celui d'une communication locale.
Ici, les « Internautes » sont encore victimes des tarifs prohibitifs de l'ex-opérateur unique. L'arrivée de nouveaux fournisseurs et, surtout, l'utilisation de systèmes câblés à haut débit va peu à peu remettre le coût d'accès au réseau à un prix plus normal.

(Advanced Research Projects Agency) la mission de connecter entre eux différents gros ordinateurs militaires et universitaires pour que la défense nucléaire des États-Unis puisse résister à la destruction de certains d'entre eux par une attaque nucléaire venue de l'Est. En 1970, l'attaque n'a pas eu lieu, mais le réseau ARPANET demeurait... Un groupe d'universitaires, sous la conduite libérale de Doug Engelbart, entreprit de le mettre à la disposition des universitaires pour leur permettre d'échanger leurs données, leurs questions et leurs idées. L'idée d'une communauté de recherche et d'intérêts, constituée autour d'un réseau d'ordinateurs, était née.

C'est l'irruption massive des micro-ordinateurs qui fit le reste. Des grappes de micro se connectèrent au gros système puis se connectèrent entre eux. Il s'agissait alors d'étudiant et de chercheurs. Aujourd'hui tout le mode est touché : particuliers, administrations, entreprises. En 1998, 20 % des foyers américains sont connectés à Internet. Ils sont 7 % en Angleterre, 6,3 % en Allemagne. La France est encore lanterne rouge avec 3,1 %. Les projections d'équipement et de raccordement aux fournisseurs d'accès indiquent qu'en 2001, ils pourraient être 32 % aux États-Unis, 20 % en Angleterre et en Allemagne et 13 % en France. Le village gaulois est toujours aussi irréductible !

Internet a gardé de ses origines un petit côté « baba cool » qui lui a épargné jusqu'à maintenant une réelle main mise des industriels de l'informatique, des propriétaires des morceaux de réseau qu'il utilise, des polices et des gouvernements... Combien de temps résistera-t-il encore aux tentatives de Bill Gates et des législateurs de tous poils ? Personne ne le sait ! Mais un tel outil ne peut pas échapper aux convoitises, qu'elles soient politiques ou marchandes. À moins que sa taille même, la dispersion de ses utilisateurs et sa nature ne le protègent de toutes les velléités d'hégémonie.

Car Internet est une version *a minima* d'un outil de communication. Et c'est peut-être ce qui fait sa force. Les 115 millions de « branchés » utilisent un véritable patchwork de réseaux de technologies différentes (câbles, faisceaux, satellites, lignes téléphoniques publiques et privées...) mais qui transportent toutes des données disparates mais selon un seul et unique protocole de connexion et de dialogue entre les machines. Ce protocole, dit TCP-IP (Transport Control Protocol - Internet Protocol), est le véritable noyau dur constitutif d'Internet. Cet ensemble de règles technique est surveillé et actualisé en permanence par une commission indépendante : l'IAB (Internet Architecture Board) constituée de volontaires dans le sein de l'ISOC (Internet Society).

Malgré sa jeunesse, Internet a déjà deux enfants reconnus : Intranet et Extranet. Il s'agit en fait des mêmes standards et des mêmes types d'utilisation réservés à des applications d'entreprise. Intranet reste à l'intérieur de la structure de l'entreprise et s'adresse à ceux qui y travaillent. Extranet s'adresse plutôt à ses clients ou ses relations. Dans les deux cas, il s'agit de réseaux fermés à une utilisation grand public.

Internet : un réseau à usages multiples

Devant la toile immense au maillage très fin, on est tenté de se demander avec un certain vertige : que faire d'un tel outil ? On peut répondre rapidement à cette question de deux façons et selon deux logiques : une logique de simple utilisateur et une logique de fournisseur. Qui est le simple utilisateur ? C'est vous, c'est moi, que vous soyez chez vous en train de « surfer sur le Net » ou à votre bureau en train de consulter vos *e-mail* ou de faire une recherche sur *Yahoo*... Regardons tout cela de plus près ! Ce qui caractérise l'utilisateur, et qui le différencie en même temps de celui que nous avons appelé le fournisseur, c'est qu'il ne fait aucune offre sur le réseau et qu'il se contente d'utiliser les services qui sont proposés par d'autres. À cet utilisateur, le Net propose trois types principaux d'utilisation :

– *Il peut accéder à tous les sites fournisseurs d'information ou de service.*

Chaque cybernaute connecté à un fournisseur de service dispose d'un logiciel spécialisé qui lui permet d'accéder au réseau par un numéro de téléphone et, ensuite, de « naviguer » à son aise. Les deux principaux « navigateurs » (en anglo-américain « browser ») qui se partagent aujourd'hui le marché sont Netscape Navigator de la Société Netscape et Internet Explorer de Microsoft. Ils permettent d'accéder à chacun des sites existant par son « adresse » sur le web ou « URL » (Uniform Remote Locator).

Pour trouver facilement les sites auxquels on veut accéder en fonction de l'information recherchée, l'utilisateur dispose d'aides spécialisées, les « guides et les moteurs de recherche », eux-mêmes localisés dans des sites dont l'adresse est connue de tous et affichée partout. Les guides de recherche sont de véritables annuaires thématiques qui référencent par mot-clé tous les nouveaux sites qui leurs sont indiqués par leurs propriétaires. Les moteurs, eux, examinent le contenu de tous les sites nouvellement créés que des robots spécialisés ont repérés et en indexent automatiquement le contenu. La recherche se fait par combinaison de mots-clé, selon une logique multicritère[1].

Une fois que l'internaute a eu accès au site qui l'intéresse, il peut en consulter les pages de texte et d'images, il peut visionner des séquences animées (vidéo, schémas, animation en trois dimensions), il peut télécharger des programmes informatiques, des séquences d'images et de son pour les stocker sur son propre ordinateur. Il peut envoyer des données comme des informations bancaires en vue d'un télé-achat ou des codes secrets en cas d'accès réservé. Il peut aussi envoyer un courrier électronique, une e-mail (abréviation de *electronic mail*), au site contacté... Il peut, enfin, en utilisant les « liens hypertexte » accéder directement à un autre site.

C'est là que se situe une des utilisations les plus intéressantes de « l'intelligence en plus ». Cette technique, qu'on appelle « push », apporte une réelle nouveauté aux réseaux et aux systèmes d'information. Comme son nom l'indique, il s'agit de « pousser » les informations qui lui sont utiles vers leur utilisateur. Auparavant, il lui revenait d'aller les chercher. Maintenant, elles lui sont

1. Les principaux guides de recherche sont YAHOO, INFOSEEK et MAGELLAN. Les principaux moteurs de recherche sont ALTAVISTA, LYCOS, HOTBOT et EXCITE. À titre de comparaison, selon le magazine SVM, le site français de YAHOO a recensé environ 35 000 sites alors qu'ALTAVISTA a examiné et indexé plus de 40 millions de pages d'information.

envoyées ou plutôt proposées (et jamais imposées) sous une forme ergonomique et non envahissante.

Ce système est fondé sur la déclaration par l'utilisateur de besoins, de demandes et d'attentes auprès de « serveurs d'information » (informations techniques, économiques ou médicales, par exemple). À chaque connexion au réseau, ou pendant qu'il fait autre chose, l'utilisateur est prévenu que l'attendent sur son « écran-bureau » (pour reprendre le vocabulaire micro-informatique actuel) les messages pour lesquels il s'est déclaré intéressé. C'est une façon extrêmement efficace de ne pas rater d'informations importantes dans les domaines utiles et stratégiques. Ces services sont généralement payants, mais l'abonné délègue ainsi une fonction de « vigie » à des organismes spécialisés souvent mieux placés que lui pour recevoir, classer et diffuser les informations de leur domaine. Les offres d'informations « push » ont certainement une valeur ajoutée des plus fortes et des plus originales en matière d'information professionnelle spécialisée.

– *Il peut correspondre avec tous les ordinateurs du Net par courrier électronique.*

Sans passer par un site référencé comme nous l'évoquions plus haut, chacun peut envoyer un courrier électronique à quiconque est lui-même connecté au Net. Cette correspondance est envoyée par le module spécialisé du logiciel navigateur à destination de l'intéressé par l'intermédiaire de son adresse électronique. Il le reçoit directement, après quelques secondes de voyage, dans sa BAL, la « boîte à lettres électronique ». Et de plus en plus on voit les cartes de visite ou le papier à lettre s'orner de ces nouvelles adresses qui comportent toujours, séparant le nom de l'utilisateur de celui de son fournisseur d'accès, le fameux caractère @, qui est devenu aujourd'hui le symbole d'Internet et de ses adeptes...

– *Il peut échanger des informations ou des idées avec des groupes de personnes* réunies dans des « conférences » spécialisées.

Internet a d'abord été un lieu d'échange d'informations et de convivialité. Les conférences, groupes de discussion ou forums (« news groups ») font partie de sa culture initiale. Ils rassemblent, toujours par voie électronique, quels que soient le lieu et la distance, des hommes et des femmes de toutes nationalités qui partagent généralement en anglais un centre d'intérêt autour duquel s'est construit un forum. Les conversations, en direct ou en différé, sont régies par des principes de rigueur et de respect qui constituent la « netiquette ». Par l'intermédiaire d'un logiciel robot, le « majordome », chaque utilisateur intéressé peut s'inscrire à un forum de discussion. À partir de là, il reçoit alors dans sa BAL les messages de tous les inscrits. Il peut se désincrire quand il le veut. C'est un formidable outil d'échange et d'information sur des milliers de sujets... Les annuaires des forums sont très révélateurs du meilleur et du pire ! Il est dommage que les détracteurs angoissés du Net s'intéressent davantage au pire qu'au meilleur...

Les fournisseurs d'accès disposent, bien sûr, des mêmes fonctionnalités que les utilisateurs. Leur situation de fournisseur suppose deux choses : d'abord qu'un « service » à l'utilisateur soit défini et créé, ensuite que ce service offert soit disponible en permanence. En effet, le Web fonctionne sans interruption et le décalage horaire entre les continents le rend actif à toutes les heures du jour et de la nuit. L'ordinateur offreur de service, le « serveur », peut être le vôtre s'il est suffisamment puissant ou un autre, plus gros, sur lequel votre « site » sera hébergé avec d'autres. Bien sûr, les sites très importants ont toujours leur propre serveur.

Les sites, nous l'avons vu, sont répertoriés par les systèmes guides ou moteurs de recherche. Mais cela ne suffit pas pour les faire utiliser. Il faut faire une véritable publicité pour les adresses qui en permettent l'accès, surtout s'il s'agit de sites à vocation commerciale. De plus en plus, les publicités classiques contiennent des adresses de sites Web. Elles sont reconnaissables aux trois lettres par lesquelles elles commencent toutes : www, pour « world wide web ». Et de plus en plus de sites Internet affichent des bandeaux publicitaires invitant à se connecter à d'autres sites auxquels ils sont reliés par des liens hypermédia (voir le prochain paragraphe).

Mais quel service proposer ? Ici, les seules limites sont celles de l'imagination. Ils vont de la « page personnelle » qui présente les photos de famille et celle du chat, dans un souci de rencontre et de convivialité totales, aux grandes galeries commerciales électroniques où l'on peut faire son marché « virtuel » depuis son écran. Toutes les applications d'information, publiques ou privées, sont imaginables et souvent réalisées dans les domaines de la culture, des loisirs, de l'administration, des voyages, de la politique, etc. Rien n'est *a priori* impossible et les nouveautés fleurissent par centaines chaque jour. Internet fait évidemment partie des outils que vous avez à votre disposition pour communiquer dans votre travail, car il est à la fois puissant, assez peu coûteux et facile à utiliser. La plupart des application Internet, Intranet ou Extranet pour la communication d'entreprise sont encore à inventer, ou à importer de France.

L'hypertexte, le multimédia et l'hypermédia

C'est parce qu'il a toujours eu pour vocation et pour philosophie de mettre la puissance de son réseau à la disposition de tous qu'Internet est très facile d'utilisation. Même si, dans les coulisses des serveurs et des fournisseurs d'accès, la technologie est complexe, coûteuse et servie par des spécialistes, ce qu'en voit l'utilisateur est à la fois simple et naturel. Le Web est fondé sur l'utilisation de deux principes qui rendent l'usage de l'ordinateur « ultra friendly », l'hypertexte et le multimédia. Une page hypertexte se lit avec les yeux et avec... la souris de l'ordinateur. En effet, certains mots sont signalés par une graphie ou une couleur qui les différencie des autres. Ils réagissent au passage du pointeur de la souris et, si vous « cliquez » dessus, ils font apparaître, après quelques instants de cheminement dans les arcanes du réseau, une autre page de texte en relation avec le mot sollicité et reliée à lui par un « lien hypertexte ». Cette nouvelle page a elle-même des mots à cliquer, et ainsi de suite... La « navigation » hypertexte parmi les pages-écrans est la base du « surf sur le Net »... Bien sûr, et c'est ce qui en fait à la fois la puissance et la légèreté, la page à laquelle vous envoie le lien hypertexte peut être localisée sur le même site que la précédente, mais aussi sur un site éloigné de milliers de kilomètres. Vous y accédez alors de façon automatique à travers les dédales techniques totalement transparents du Net, câbles, faisceaux ou satellite. Un clic vous envoie à New York... le suivant à Tokyo... un autre encore, à Singapour ou Romorantin !

Nous avons déjà évoqué le multimédia et la mise à disposition de l'utilisateur, à portée de clavier, de souris ou d'écran digital, des tous les types d'image et de sons. Le multimédia peut fonctionner en mode local, à partir d'un CD-ROM, par exemple. Internet le rend disponible à travers le réseau capable de transporter les mêmes données qui, vous le savez, sont toutes codées de façon numérique. C'est la rencontre du multimédia et de l'hypertexte qui a donné l'hypermédia, contraction des deux mots et mélange des deux techniques. Les liens entre les différentes informations ne passent plus uniquement par des mots mais aussi par les images fixes ou animées. De la même façon, ils ne renvoient plus uniquement sur des textes, mais aussi sur des images et des sons. On imagine aisément ce que la communication peut tirer comme parti de l'hypermédia !

Des images et des sons venus de nulle part

La vidéo conserve et/ou diffuse des images captées par une caméra et un micro. Les images et les sons appelés « digitaux » peuvent se passer et de caméra et de micro. On crée alors de toutes pièces, artificiellement (on dit de façon « synthétique ») des images et des sons qui n'existent pas dans la réalité et sont totalement fabriquées. Il existe une gradation dans la nature et la qualité de ces images et sons synthétiques, à laquelle correspond toute une importante palette d'outils : depuis le logiciel de présentation graphique le plus frustre sur un petit micro-ordinateur jusqu'aux systèmes produisant 25 images animées par seconde en trois dimensions[1] aussi belles et fines que les images « vraies » issues

1. C'est ce que les initiés appellent les « images 3D ». Il en existe, là encore, de plus ou moins complexes, depuis la rugueuse image 3D monochrome « en fil », jusqu'aux images polychromes représentant automatiquement les ombres, les textures, les faces cachées, quels que soient les mouvements et les déplacements des objets.

d'une caméra vidéo. On peut ainsi inventer des paysages, des objets, mélanger des choses vraies à des environnements créés artificiellement (ou vice versa !), inventer, en la calculant et en la représentant à partir des calculs, la forme « vraie » la molécule non encore synthétisée en laboratoire, d'un virus entraperçu ou d'une constellation dont le faible écho a bien du mal à parvenir jusqu'aux radiotélescopes à travers la nuit stellaire... On peut encore faire du dessin animé sans dessins, créer des génériques époustouflants de mouvements et de couleurs, ou expliquer par un schéma dynamique un processus complexe ou peu visible. Rappelez-vous les simulations d'arrimage des stations orbitales, les voyages à travers les organes du corps humain digitalisé ou le naufrage du Titanic reconstitué à partir de son épave.

Les techniques informatiques extrêmement compliquées, qui sont à la base de toutes les manipulations graphiques et sonores, progressent de jour en jour. En effet, les matériels et les logiciels de traitement sont de plus en plus puissants. Ils permettent de donner un étonnant réalisme à ces images fausses par nature. Les matériels spécialisés autorisent des vitesses de traitement et des débits d'informations donnant des animations lisses, rapides et sans à-coups, avec des ombres et des textures. On sait aujourd'hui afficher 25 images différentes par seconde dans une excellente définition sur l'écran d'un micro-ordinateur du commerce.

Les technologies nouvelles sont-elles vraiment utiles ?

Restons d'abord modestes ! Aujourd'hui, au niveau de préoccupation qui est le nôtre, les technologies dernières-nées ne remettent pas en cause leurs aînées mais viennent les compléter, les étoffer, par une offre et des possibilités différentes. Elles obligent donc le communicateur que vous êtes à se tenir systématiquement au courant des nouveautés fiables et crédibles. Il y aura toujours en vous une « vigie » pour surveiller l'horizon des technologies...

Comme tous les autres moyens, ces nouveaux outils ne sont pas utiles en eux-mêmes, mais en fonction de l'adéquation de leurs spécificités positives et négatives avec vos besoins et vos contraintes. C'est en étudiant le scénario de votre opération que vous pourrez décider d'y recourir ou non.

Mais quels peuvent donc être les avantages de ces technologies nouvelles ? D'abord, bien sûr, leur nouveauté ! Cette remarque n'est pas qu'une malheureuse tautologie... En effet, la nouveauté crée un effet de surprise positive liée au sentiment de considération attaché à son emploi. Les utilisateurs, gratifiés, voire flattés en quelque sorte par ce choix et cette offre, sont dans des conditions plus favorables à un travail, à une réflexion et, en fin de compte, à la réussite de votre opération. Cependant, cet avantage s'émoussera vite avec le temps et l'habitude.

Au-delà de cet effet purement psychologique, les caractéristiques techniques dominantes des nouvelles technologies sont, elles aussi, à l'origine de possibilités intéressantes pour certaines formes de communication. Par exemple, l'hypermédia via le CD-ROM ou Internet vous offre des moyens d'accès direct rapide et assisté à des quantités d'informations de toutes natures, du texte brut au graphique le plus sophistiqué. L'encyclopédie à accès intelligent sur CD-ROM n'existe sous aucune autre forme.

Enfin, les télécommunications permettent d'établir une relation directe sans aucune restriction de distance et de dispersion. Le contact simultané entre tous les continents, avec liaison dans les deux sens, ne pose plus de problèmes techniques. Internet en rend l'usage fiable, facile et peu coûteux. Les problèmes de logistique et d'organisation trouvent des solutions faciles. Seuls subsistent encore quelques problèmes biologiques, car les fuseaux horaires rappellent aux enthousiastes que les plus belles des technologies n'aboliront jamais quelques discrètes contraintes de nos horloges internes. Les satellites, eux, ne dorment pas.

Les pièges des technologies nouvelles de communication

Ces pièges ne sont finalement que des maladies infantiles normales et banales... La première n'est pas nouvelle : elle suit toujours de très près l'irruption de toute nouveauté communiquante et incube généralement dans les milieux clos des colloques spécialisés. C'est le virus des éternels découvreurs de la « machine-qui-apporte-enfin-la-solution » à tous les problèmes de communication. Cette maladie de type « hyper-euphorie » avec perte aiguë de l'esprit critique dure le temps d'une association d'experts, d'une subvention gouvernementale ou d'un mensuel confidentiel spécialisé. Elle disparaît enfin quand les malades commencent à entrevoir leur prochaine passion technologique...

Peuvent alors voir le jour des applications vraies et sérieuses : celles des véritables utilisateurs que vous êtes. Mais le temps fait guérir rapidement : si la technologie survit à la maladie, elle entre dans sa phase de diffusion et peut être utilisée sans inquiétudes. Ainsi, le CD-ROM et Internet ont passé le cap avec brio. Par contre, le système Minitel, produit trop franco-français, a toujours été trop rustique pour atteindre un marché de taille suffisante à l'échelle mondiale. Après de nombreuses années de service aussi fiable que frustre, il est maintenant en train de mourir devant l'irrésistible poussée mondiale d'Internet. Le vidéodisque, quant à lui, n'a jamais connu de diffusion vraiment significative.

Le second piège est plus pernicieux. Il consiste à confondre la complexité du nouvel outil avec son efficience dans le contexte propre à une opération. En fait, il n'y a aucune relation entre l'une et l'autre. Les moyens les plus simples et les plus élémentaires sont parfois les plus efficients, parfois non. Et vice versa... Ici encore, la seule façon de traiter le problème sans prendre trop de risque consiste à examiner méthodiquement les « besoins fonctionnels » contenus dans votre scénario et à choisir les outils qui peuvent y répondre en fonction du cadre déterminé par le jeu des différentes contraintes. Ce point est traité au chapitre 9.

Troisième piège intéressant à signaler : la confusion fréquente qui est faite entre l'outil technologique et le contenu du discours qu'il est sensé véhiculer. Ce n'est pas uniquement la qualité de la salle ou du projecteur qui fait un bon film, ni la seule performance d'un micro-ordinateur qui rend un logiciel séduisant. Ce n'est pas non plus les performances d'Internet qui rendent tous les sites utiles ou intéressants, loin s'en faut ! De ce point de vue, les technologies nouvelles sont un peu « toxiques » parce qu'elles mettent en avant leur fabuleux potentiel et leurs radicales nouveautés pour faire rêver les communicateurs. Ils en oublient bien souvent qu'entre les potentialités d'un système nouveau très séduisant (ou séducteur !) et une application qui fonctionne utilement, il y a beaucoup de travail à organiser, beaucoup de compétences à acquérir, beaucoup de temps et d'argent à dépenser. Plus l'outil est puissant et sophistiqué, plus grande est la difficulté de réaliser une application à sa mesure. Derrière les systèmes d'information fluides, efficaces et agréables, il y a des quantités énormes de matière grise, de travail, de créativité et... d'investissement. Les rêveries technologiques peuvent être pernicieuses, et le véritable danger commence parfois avec l'achat des machines...

Dernier piège, mais nous en avons déjà parlé : celui de la surmédiatisation et de la communication froide à force d'être instrumentée. Il n'y a pas, vous le savez bien, de dosage idéal, ni de système de communication efficace standard. Il n'y a que des situations originales et différentes que vous aurez à gérer au coup par coup. Le meilleur garde-fou que vous pouvez opposer au Docteur Folamour qui sommeille peut-être quelque part en vous est d'appliquer rigoureusement les méthodes, démarches et recettes proposées dans les premiers chapitres que vous avez lus. Elles sont « garanties » et elles fonctionnent pour tous les moyens et outils de communication, du plus classique au plus nouveau, du papier au CD-ROM, de la diapositive au satellite qui amène Internet dans votre salon ou votre bureau.

Chapitre 8

La communication interactive... pour quoi et comment ?

L'interactivité... les interactivités...

La génération du micro-ordinateur a inventé un mot magique : interactivité ! Comme tout ce qui est magique, le concept est à la fois séduisant et dangereux. Séduisant parce qu'il évoque des applications utiles et agréables d'emploi (« user friendly », disent les Américains), mais aussi dangereux parce que le mot est utilisé dans des acceptions totalement différentes. Alors, regardons d'abord ce que peuvent bien être les différents types d'interactivité. Pour rester, bien entendu, dans le domaine de la communication, nous examinerons l'interactivité sociale, puis, dans un système, l'interactivité logique et technologique.

Il y a *interactivité sociale* quand une phase du scénario de communication prévoit de provoquer la réaction des cibles et de modifier le déroulement de l'opération en fonction de la nature identifiée de cette réaction. Citons deux exemples choisis parmi des opérations s'adressant directement au grand public. Depuis quelques années, une radio périphérique propose à ses auditeurs une émission appelée « Stop ou encore... », dont le principe consistait à diffuser les chansons d'un même interprète jusqu'à ce que la majorité des auditeurs, appelant un standart téléphonique, se prononce contre. Plus près de nous, de nombreuses émissions de radio ou de télévision utilisent ces techniques pour donner à leurs cours, en fonction des suggestions ou des demandes des téléspectateurs, une dimension aléatoire réelle ou supposée telle[1].

Les réseaux câblés numériques fondent une partie de leur offre commerciale sur l'interactivité. Le niveau minimum consiste à faire un choix parmi les chaînes composant le « bouquet ». Ce choix détermine le tarif de l'abonnement, les autres éléments du bouquet restant verrouillés. Mais aujourd'hui, ces réseaux proposés par les grands opérateurs partout dans le monde, utilisent la ligne téléphonique du client pour acheminer son feed-back (c'est-à-dire ses choix ou ses commandes) vers un serveur de programmes. Ainsi est-il possible de choisir un film ou une émission qui seront facturés en plus de l'abonnement, de participer à des jeux TV ou de se fabriquer sa propre émission... ou peu s'en faut. Même si l'on est au tout début d'une utilisation en vraie grandeur (c'est-à-dire commerciale) de ces principes d'interactivité, il en existe déjà des utilisations spectaculaires. Ainsi peut-on, dans certaines émissions sportives, choisir la caméra que l'on veut, donc un point de vue particulier et sélectionné sur l'événement en cours de déroulement.

On mesure bien le potentiel de communication et de changements qu'il y a derrière les premiers pas de ces techniques et de ces offres : la fameuse « objectivité » (ô ! combien contestable, mais qui résiste et qui rend vrai ce qui est « vu à la télé »...) de l'image diffusée explose au profit d'une constellation de points de vue, au sens propre et figuré du terme. À chacun alors de constituer sa propre vue « objective » d'un réel multifacette et enfin

1. Sur ce principe fonctionnent aussi, plus simplement et sans technologie, les collections du type « le livre dont vous êtes le héros ». Ces livres dits « brouillés », proposent aux enfants des histoires « en miettes » et sollicitent à la fin de chaque micro-épisode, le choix du lecteur sur différentes hypothèses ou suites possibles. Ils font intervenir aussi le hasard (tirage de dés, par exemple).
Plus près de nos préoccupations, peut-être, les ouvrages d'Enseignement Programmé procédaient de la même façon et organisaient le parcours d'apprentissage en fonction des réactions de l'apprenant à chaque sollicitation ou en fonction de ses réponses à des questions de contrôle. Leur efficacité réelle a été battue en brèche par les pages du micro-ordinateur. Il paraît que la première utilité du logiciel a été d'empêcher de tricher avec la logique brouillée des livres et les questionnaires à choix multiples...

reconnu comme tel. La technologie fait entrer les médias dans la fameuse logique de la « complexité ». À nous d'imaginer toutes les utilisations que la communication professionnelle pourra faire de tels systèmes !

Les conventions d'entreprises ou les rassemblements de publics nombreux font parfois appel à des systèmes de collecte et de traitement des réponses des spectateurs en temps réel. Chaque siège doit être équipé d'un petit clavier relié à un ordinateur par câble ou liaison radio. Les participants se voient poser des questions auxquelles leur clavier permet de donner une réponse. Il s'agit, bien sûr, de questionnements assez rustiques, le plus souvent des questions à choix multiple. Au moment des réponses, le système indique par téléprojection le nombre de réactions transmises et enregistrées. Ensuite, il traite les données et affiche la répartition des choix. C'est l'occasion de matérialiser des votes ou des opinions qu'il faudra ensuite analyser ou prendre en compte. En tout état de cause, à condition d'être bien intégrés dans l'animation de la séance, ces systèmes interactifs donnent aux spectateurs une réelle impression de participation active. Ce sont là différents exemples d'interactivité sociale sollicitant la réponse ou la demande des cibles pour continuer l'opération d'une façon ou d'une autre. Dans les différents cas, elle a son influence sur le déroulement de la suite.

À partir de ces exemples, on peut faire deux remarques : la première a trait au temps. Pour être sentie comme telle et vraiment appréciée, l'interactivité sociale doit se faire en « temps réel » : l'opinion des cibles est sollicitée, analysée et prise en compte dans un délai très court[1]. La seconde a trait aux « suites » à donner à la réaction des cibles. La prise en compte des choix, même s'il s'agit d'une alternative ou d'un nombre de possibilités réduites, impose de prévoir autant de suites, de chemins différents, qu'il est offert de possibilités. Le travail de préparation s'en trouve donc multiplié d'autant, les délais et les coûts aussi. Cette liberté offerte aux utilisateurs, même limitée, permet une forme de personnalisation

1. Même si, dans le cas du feuilleton TV, la réaction ne se voit qu'à l'épisode suivant. Mais ce délai, nécessaire à la réalisation de la suite de l'histoire choisie par les téléspectateurs, ne semble pas trop long, puisque l'émission est hebdomadaire.

à laquelle les utilisateurs sont généralement sensibles. Elle est donc psychologiquement efficace et mobilisatrice. Son coût et sa complexité la réservent néanmoins à des phases stratégiques. Là encore, il s'agit de bien évaluer la valeur ajoutée par l'interactivité sociale et de raisonner en termes de « rapport performance/prix ».

Les systèmes interactifs

L'interactivité sociale dont nous venons de parler concerne les relations entre le système de communication mis en place et les cibles auxquelles il est destiné. Les interactivité logique et technologique sont, elles, deux des caractéristiques du système de communication lui-même.

On parlera d'*interactivité logique* entre les éléments d'un système quand sont organisés entre eux, au moment de la création de chaque élément, des interrelations qui interviendront lors de l'utilisation. Ce type de structure évite une utilisation systématiquement séquentielle des moyens proposés. Ainsi, par exemple, un orateur ou une affiche pourront inviter les cibles à rechercher des informations dans des documents distribués, dans une banque de données ou dans des vidéocassettes accessibles en libre-service. Ou encore, un « guide de travail » proposera de recourir à un système de cassettes son, renvoyant lui-même à des manipulations informatiques, à un « numéro vert » de téléphone ou à des documents d'autoformation à parcours multiples, etc. Bien sûr, cette interactivité logique n'a d'intérêt, voire de sens, que si elle se superpose à une interactivité de type social. En effet, les connexions logiques entre les différents moyens ne prennent toute leur valeur que si elles matérialisent des possibilités différentes offertes aux utilisateurs et laissées, même s'il y a de fortes incitations, à leur appréciation en dernier ressort.

Il en est de même pour l'*interactivité technologique* qui ajoute à la précédente des liaisons physiques, donc techniques, entre les différents supports et les différents outils. L'ossature de ces systèmes à interactivité technologique est généralement constituée par un ordinateur[1] auquel sont connectés différents types de périphériques :

- périphériques de contact avec l'utilisateur pour l'émission des informations visuelles et/ou sonores, et la saisie de ses réactions ; il peut s'agir du clavier, de la souris, d'un écran tactile ou d'un microphone pour entrées vocales...
- périphériques de stockage des programmes et des fichiers nécessaires au fonctionnement logique et aux dialogues, qu'il s'agisse de textes, d'images fixes, d'images animées, de vidéo ou de sons ;
- périphériques dédiés à une application précise (imprimante spéciale de tickets ou de codes-barres, distributeurs de billets de banque ou d'objets, robots, lecteurs de cartes, etc.)

L'ensemble des périphériques fonctionne en permanence sous le contrôle du matériel et des programmes informatiques.

Nous avons donc vu comment les trois types d'interactivité « s'empilent » les uns sur les autres :

- en bas de la pile, l'interactivité sociale qui matérialise le principe d'une intervention des cibles dans le processus lui-même de communication et en modifie le déroulement ;
- au milieu, l'interactivité logique qui établit des interrelations entre les éléments du système pour rendre possible, codifier et organiser l'intervention des cibles sur le processus mis en œuvre à travers les outils ;
- en haut de la pile, au contact direct avec l'utilisateur, l'interactivité technologique qui, par le biais de connexions physiques des éléments périphériques à un élément « maître » de type informatique, autorise l'intervention des cibles dans le déroulement du processus et automatise la prise en compte de leurs réactions, de leurs choix ou de leurs demandes. Le processus qui gère les interventions de l'utilisateur est fixé et contrôlé

1. Le micro-ordinateur dit « multimédia », qu'il soit à usage professionnel ou familial, est l'aboutissement de ce courant et le support le plus abouti de l'interactivité technologique.

dans le programme informatique lui-même et dans la structure des données[1].

Le type de système interactif dit « technologique » est donc le plus performant du genre. La diffusion massive des micro-ordinateurs dans les bureaux et les familles en a fait aussi la plus répandue. Dans la suite de ce chapitre, c'est à lui que nous ferons référence en parlant de système de communication interactif. Il associera donc les trois acceptions du terme : intervention des cibles, relations logiques et liaisons techniques entre les éléments du système pendant le déroulement du processus de communication.

Les systèmes « autonomes » de communication

Les systèmes de communication dont le fonctionnement est piloté, surveillé, assisté par des matériels et des logiciels informatiques sont conçus pour un fonctionnement autonome : ils ne nécessitent aucune assistance permanente et sont directement mis en œuvre par les cibles auxquelles ils sont destinés. Ils sont donc diffusables, par simple distribution du matériel et duplication technique des éléments logiciels, sur autant de points d'utilisation qu'il sera nécessaire. Le plus souvent ils s'adressent à des utilisateurs individuels ou à de très petits groupes (2 ou 3 personnes). Ils font généralement l'objet d'un usage de type « libre-service » : disponibles dans les lieux de passage ou de vie, ils fonctionnent à l'initiative des cibles concernées.

Ce mode de fonctionnement que nous appelons « autonome » impose à ces systèmes certaines caractéristiques. Ils doivent d'abord être parfaitement fiables et résister à tous les traitements

1. C'est particulièrement vrai des données organisées selon les principes de l'hypertexte ou de l'hypermédia accessibles depuis un CD-ROM ou un site Internet. Ce sujet est traité dans le chapitre précédent.

que peuvent leur imposer des utilisateurs isolés. Ils auront donc été testés par des cobayes à l'esprit le plus destructeur possible... Et les réactions les plus surprenantes, les plus bizarres, les plus agressives de la part des utilisateurs devront avoir été prévues. Il ne doit subsister aucune erreur ni aucune lacune : un système interactif autonome doit être techniquement parfait.

À ces qualités minimales s'en ajoutent d'autres dont dépendent l'efficacité, voire l'utilisation même du système : la qualité de sa réalisation et son usage convivial. C'est en effet de la combinaison des caractéristiques esthétiques et ergonomiques que naîtra le plaisir d'utiliser le système donc son efficacité. Les systèmes interactifs, par opposition, entre autres, aux anciens logiciels professionnels très austères parce qu'ils étaient réservés à des utilisateurs amateurs très éclairés, sont mis en scène et réalisés comme des séquences vidéo : animations graphiques colorées, titrage et génériques et bandes sons avec effets digitalisés, tout concourt à un réel plaisir d'utilisation. Quant à l'ergonomie, elle doit être « évidente », c'est-à-dire aller de soi et s'imposer sans mode d'emploi, hormis quelques indications discrètement présentes à l'écran sous forme de menus et de requêtes. En cas de réel problème, on peut avoir recours à une « hot line » au bout de laquelle un spécialiste du produit (et de ses problèmes d'utilisation...) est à votre disposition en cas d'incident[1].

Une ergonomie transparente (« ultra friendly », disent encore les Américains) repose sur des choix dans les domaines matériel et logiciel :

- des matériels faciles à utiliser : par exemple la souris, des écrans tactiles[2], des manettes de jeu, des lecteurs de cartes à puce, des imprimantes graphiques couleur ;

---

1. Un des problèmes des « téléphones rouges » est leur encombrement... Pour y faire face sans multiplier les techniciens tout en satisfaisant les utilisateurs en déroute, il existe des sites Internet dédiés à cette forme de secours. Les plus souvent ils proposent des réponses aux « FAQ » *(frequently asqued questions...)* qui doivent résoudre 80 % des problèmes rencontrés. On trouve aussi de plus en plus de réponses aux FAQ dans les courtes notices accompagnant les outils.
2. Ce sont des écrans de type TV qui affichent une image vidéo ou graphique présentant différentes zones délimitées. L'utilisateur manifeste son choix en posant un doigt sur la zone qu'il veut choisir.

– des logiciels très perfectionnés : structures en cascades d'arborescences successives, liaisons hypermédia, accès par mots-clé, tolérance d'erreurs orthographiques, verrouillage des fausses manœuvres, aide contextuelle automatique en cas de besoin ou de demande, etc. Les programmes destinés au grand public, conçus et développés par des spécialistes du genre, sont longuement testés et vérifiés avant leur mise en service.

Un périphérique informatique est de plus en plus utilisée par le grand public : c'est la « borne interactive ». Généralement, ces bornes sont connectées par une ligne téléphonique à de gros systèmes informatiques qui assurent la part principale des traitements complexes et utilisent de très gros fichiers. Il existe aujourd'hui de nombreuses bornes interactives à la disposition du public :

– les bornes de réservation et de vente de places de train ou d'avion, connectées à des centrales de réservation ;
– des bornes d'achat ou de renseignement ;
– des systèmes qui permettent de connaître et de choisir un spectacle ou une place, puis de l'acheter et de repartir avec son billet.

Toutes ces bornes permettent un paiement immédiat avec une carte de crédit à puce et délivre immédiatement les titres. Bien sûr, ce sont aussi des moyens d'information et de choix, l'achat final n'étant jamais une obligation.

Les fonctionnalités d'un système autonome interactif

Quels que soient son rôle et sa destination (information, formation, jeu, délivrance d'objets, télé-achat, etc.), un système autonome interactif présentera toujours des fonctions identiques, même si elles ne sont pas réalisées et mises en œuvre de la même façon. Les premières ont trait au dialogue avec l'utilisateur, les autres aux requêtes mises à leur disposition.

De façon formelle, on peut dire que tout dialogue avec un système autonome interactif est constitué de différentes phases elles-mêmes composées de cinq moments séquentiels. Une phase de dialogue, quelle qu'elle soit, déroule donc, dans cet ordre, les cinq moments suivants :

1. Moment d'information : le système apporte des informations à l'utilisateur dans des pages de textes, des images fixes, des images animées, des séquences vidéo ou des séquences sonores. Ces informations sont sélectionnées dans des mémoires de stockage. Leur contenu est évidemment lié à la phase du dialogue concernée à l'intérieur du processus général de communication interactive.

2. Moment de sollicitation : une fois l'information délivrée, le système sollicite une réaction de la part de l'utilisateur et le lui signale. Ces réactions peuvent être plus ou moins élaborées :

- indication par l'utilisateur qu'il a reçu l'information diffusée et que le système peut donc passer à la suite dans un parcours séquentiel (c'est la fameuse phrase « Appuyez sur une touche pour continuer... » qui rythme les séquences « tourne pages »...) ;
- mise à disposition de liens hypermédia pour un parcours de type navigation ;
- choix d'une option dans un menu ou dans un QCM ;
- réponse OUI/NON à une alternative ;
- réponse à une question « ouverte »[1].

Le système indiquera toujours à l'utilisateur comment répondre à la sollicitation.

3. Moment de l'acquisition : c'est là que l'utilisateur réagit à la sollicitation. Ce qu'on appelle l'acquisition de la réponse par le système se fait par l'intermédiaire d'un périphérique d'entrée manipulé par l'utilisateur lui-même. Ce peut être un clavier pour

1. On appelle généralement questions « fermées » celles qui induisent un choix parmi une liste prédéterminées et imposent une forme de réponse codifiée (numéro du choix, lettre-clé ou mnémonique). Les questions dites « ouvertes » n'imposent ni de choix, ni de formulation particulière ou préétablie de ce choix.

saisir des réponses de forme alphanumérique, un clavier spécial à touches dédiées (portant des chiffres, des lettres ou des pictogrammes), une souris ou un écran tactile pour des choix dans des menus ou encore des réponses vocales[1].

4. Moment de traitement : c'est le moment au cours duquel une partie du programme informatique va analyser et identifier, par un traitement interne, la réponse acquise précédemment. Cette identification se fait par comparaisons successives avec les réponses attendues. La fin de cette opération se solde soit par une identification soit par une non-identification qui seront, l'une et l'autre, prises en compte dans le moment suivant.

5. Moment de réaction du système : l'identification ou, le cas échéant, la non-identification de la réponse de l'utilisateur à la sollicitation du système, entraîne l'exécution d'une autre phase du programme informatique : le branchement sur la phase prévue pour faire suite à la réponse identifiée (ou non identifiée) de l'utilisateur. La forme logique en est assez simple : si tel élément est identifié, aller à telle partie du programme ; si tel autre élément est identifié, aller à telle autre partie du programme, et ainsi de suite... Enfin, si rien n'est identifié, quelle qu'en soit la raison, aller à telle partie du programme prévue spécifiquement pour traiter ce cas. Il s'agit donc d'une structure arborescente simple présentant autant de « branches » qu'il y a de choses identifiables dans la réponse de l'utilisateur, avec une branche supplémentaire prévue en cas d'identification non réussie.

Quelle que soit la branche choisie par le système en fonction de l'identification effectuée, le processus exécutera une autre phase du dialogue, qui, à son tour, déroulera ses cinq moments. Et ainsi de suite jusqu'au branchement sur une phase de fin, sollicitée par l'utilisateur ou imposée par le système, qui interrompra le dialogue et mettra le système à la disposition d'un autre utilisateur.

Pour rendre le contact plus facile, plus fluide, et supprimer la désagréable impression « d'enfermement », les systèmes interactifs évolués proposent souvent aux utilisateurs des « requêtes ». Ce sont des actions mises en permanence à leur disposition pendant

1. La technique de l'acquisition vocale semble maintenant au point même sur des petits systèmes micro-informatiques.

toutes les phases du dialogue et tous les moments d'une phase donnée. Ces options se superposent en quelque sorte à chacun des cinq moments d'une phase décrits plus haut et offrent de nombreuses initiatives possibles.

Voici quelques exemple des requêtes les plus souvent proposées :

- requête d'interruption : elle permet à l'utilisateur d'interrompre un parcours en toute « légalité ». Le système se met alors en attente de l'utilisateur suivant ;
- requête de suspension : elle met le système en « stand by » et gèle les actions ou réactions en cours. Elle est surtout utilisée dans les applications proposant des images animées ou des séquences sonores. Elle équivaut alors à l'utilisation de la touche « pause » d'un appareil audiovisuel ;
- requête d'aide (ou SOS) : elle apporte une information à l'utilisateur qui ne sait plus comment agir ou réagir (suites ou options possibles, mode de codification d'une réaction, etc.). Ce sont soit des informations générales, soit des informations « contextuelles ». Dans ce dernier cas, le système identifie l'environnement de la demande et fournit au demandeur des informations spécifiques de cet environnement ;
- requête d'impression : elle permet à l'utilisateur d'obtenir une copie à l'imprimante d'un écran dont il conservera ainsi la trace ;
- requête implicite de « time-out » : c'est une requête proposée par défaut. Si l'utilisateur ne répond pas à une sollicitation dans un temps défini, le système se remet automatiquement au point de départ, c'est-à-dire, le plus souvent, dans le cycle d'attente d'un nouvel utilisateur. Cette requête évite qu'une application reste dans une situation d'abandon en cas de départ inopiné, volontaire ou non, du dernier utilisateur. L'état d'abandon a toujours un effet dissuasif détestable : il laisse supposer que le système est en panne et, de toute façon, personne n'a envie de prendre en marche une application abandonnée par un autre. En ré-initialisant le processus, la requête de *time-out* évite ce danger.

Le « dialogue » avec un système interactif

On parle communément du « dialogue » qui s'établit entre un utilisateur et un système autonome interactif, mais il s'agit presque d'un abus de langage : cette relation n'a du dialogue que l'apparence immédiate... Si l'on considère que, pour qu'il y ait dialogue, il suffit de deux éléments, un émetteur et un récepteur, alors, oui, il y a bien dialogue interactif. Mais si, approchant du dialogue interpersonnel, on attend de lui une relation d'échange, une adaptation des deux intervenants aux réactions de l'autre, une reformulation possible des propos, des voies de traverse et des digressions utiles dans le cheminement, une liberté réelle de formulation des réponses, dans ce cas, la relation utilisateur-système n'a de dialogue que le nom !

En effet, même si le contact peut être facilité par l'emploi de matériels conviviaux et de logiciels « easy to use », ou encore par le recours aux techniques de l'intelligence artificielle, en fin de compte, l'utilisateur reste enfermé dans un parcours qu'il n'a pas choisi. Que le système lui laisse plus ou moins de liberté, qu'il en soit conscient ou non, l'utilisateur reste toujours dépendant et sa liberté maximale est celle que lui a octroyée le concepteur du logiciel à l'intérieur d'un processus.

Car un dialogue informatique est toujours un assemblage, un patchwork de séquences, elles-mêmes composées des cinq moments que vous connaissez. L'utilisateur n'a, pour dialoguer, que cette logique prédéfinie. Tout ce qui n'a pas été prévu comme besoin ou attente de sa part, comme mode de réponse ou d'acquisition, n'a aucune chance d'être pris en compte et, *a fortiori*, d'être traité. La liberté de l'utilisateur est donc encadrée et limitée dans son fond comme dans sa forme. S'il y a similitude approximative avec une forme de dialogue, ce serait plutôt avec le dialogue de théâtre qui limite la liberté de l'acteur au cadre rigoureux du texte écrit et à la gestuelle définie par le metteur en scène.

Cette présentation un peu négative du dialogue interactif avec un système autonome amène naturellement à poser cette question : pourquoi utiliser ce type d'outil de communication ? La réponse est double : la liberté octroyée à l'utilisateur suffit souvent à le satisfaire dans le cadre du rôle précis attribué au système ; ensuite le système purement technologique est duplicable sans limites et permet ainsi une démultiplication et une diffusion qui compensent largement les limites théoriques que nous venons d'examiner.

Quand utiliser un système interactif de communication ?

Voici quelques situations et contraintes qui peuvent vous amener à concevoir et à mettre en œuvre des systèmes autonomes interactifs.

La première est liée à la nécessité de décentraliser une information qui doit être adaptable à une demande. S'il n'est pas possible de répartir des informateurs, pour des raisons de budget, de stratégie ou d'effectifs, vous les remplacerez – avec les limites et les réserves évoquées plus haut – par les ersatz ou les prothèses de communicateurs que sont les systèmes interactifs.

De même, dès qu'il faudra organiser une « distribution différenciée » d'informations ou d'objets, cette distribution imposant une individualisation de la relation, vous pourrez utiliser des systèmes interactifs en lieu et place d'un distributeur « humain », toujours plus difficile à gérer.

C'est la logique actuelle des « robots » d'information ou de distribution. On en trouve dans les lieux comme les gares, installés par la SNCF, la RATP, ou par les compagnies aériennes, dans les lieux de passage : bornes d'information des centres commerciaux ou des grandes surfaces dans des stands ou les lieux d'information des entreprises (borne interactive d'information multilingues).

Plus la technologie de ces systèmes est banalisée, plus la décentralisation peut être poussée.

Par exemple, l'utilisation d'un micro-ordinateur professionnel ou d'un terminal permet de mettre le système à la disposition de l'utilisateur sur son poste de travail. Toutes les applications professionnelles ou grand public, gratuites ou payantes, illustrent facilement les immenses possibilités d'information interactive offertes par les systèmes autonomes de communication.

Peut-on construire un système autonome pour apporter n'importe quel type d'information ? La réponse théorique pourrait être « oui »... Mais à quel prix et avec quelles difficultés ! En fait, l'expérience montre que la matière traitée doit répondre à quelques conditions en dehors desquelles la complexité et le budget rendent l'opération impossible. Il faut d'abord que le sujet traité soit précis et clairement délimité. Le « robot à informer sur tout » n'existe que dans les bandes dessinées ! Il faut ensuite que cette matière soit facilement formalisable dans des mots, des schémas, des images et/ou des sons, sans risques de confusion. En d'autres termes, plus la matière est de nature « technique »[1] et plus facilement elle sera manipulable à travers un système interactif. Cette facilité se retrouvera autant au niveau de la conception et de la réalisation qu'à celui de l'utilisation du système. Elle concernera la logique générale des parcours, les moments d'information, d'acquisition et d'analyse des réponses.

Dernière condition, mais elle est de taille : disposer d'un budget suffisant ! En effet, les coûts fixes et les coûts variables de ces systèmes sont importants. S'agissant des coûts variables, liés au nombre des points d'utilisation, ils sont constitués essentiellement par le coût des matériels de mise en œuvre. Si l'on dispose d'un parc déjà installé (comme c'est souvent le cas si l'on utilise des micro-ordinateurs ou des terminaux multimédia), ils

1. Entendons-nous bien ! « Technique » ne signifie ni « technicien » ni « technologique », mais codifiable dans des formes et des expressions non ambiguës (monosémiques, diraient les sémiologues). En ce sens, un catalogue de produits, une liste de pièces détachées, la grammaire française, l'annuaire du téléphone, un recueil de jurisprudences, des tableaux cliniques de médecine ou les résultats financiers d'une entreprise sont autant de matières « techniques ». Par contre, l'analyse et la description de comportement ou la modification d'état d'âme le sont moins...

deviennent négligeables. En effet les coûts techniques de duplication des éléments logiciels sont, eux, assez faibles.

Les coûts fixes, indépendants du nombre des postes d'utilisation, sont à la mesure de l'enjeu : réaliser une application théoriquement « parfaite ». En effet, l'utilisateur étant seul avec le système, celui-ci ne doit lui poser aucun problème, ni matériel, ni logiciel. Or la perfection, en ce domaine, coûte très cher ! Trois postes essentiels sont à considérer :

1. le poste études : analyse du rôle exact du système dans le fameux triptyque cibles-résultats attendus-matière traitée ;

2. le poste réalisation : création (logique, ergonomique et artistique), réalisation sur les supports techniques (informatiques et/ou audiovisuels) ;

3. le poste essais et mesures : il est extrêmement important. L'utilisateur ayant, par définition, toujours raison quand il se trompe... les essais et les mises au point amènent des modifications et des reprises longues, donc coûteuses, avant que le système ne soit validé et considéré comme opérationnel.

Les dépenses sont importantes parce que ces différents travaux font appel à des spécialistes encore rares. Mais elles doivent être mises en relation avec trois éléments de comparaison :

- l'importance stratégique du système dans le scénario de communication ;
- l'impact psychologique de moyens modernes, performants et souvent encore considérés comme séduisants et gratifiants ;
- les économies réalisées par la suppression des postes « personnel » correspondant à la distribution de l'information.

Risques et limites de la communication interactive

La première limite qui s'impose immédiatement dans l'utilisation des systèmes autonomes interactifs de communication est liée aux coûts que nous venons d'évoquer. Leur prix de revient élevé amène à les réserver aux phases de scénario qui les justifient pleinement, tant en termes quantitatifs (nombre et dispersion des cibles, délais de distribution de l'information) que qualitatifs (importance stratégique de la phase ainsi traitée). Plus le budget est élevé et plus la vigilance s'impose d'elle-même.

Seconde limite, liée à la complexité technologique des système autonomes interactifs : le temps nécessaire à leur réalisation. Ils sont inutilisables en situation d'urgence. Si, une fois réalisée la « copie zéro »[1], tout peut aller très vite, l'inertie de production de celle-ci est lourde et constitue parfois un handicap dans des opérations au calendrier un peu tendu. Interviennent les délais d'étude, de création, de réalisation auxquels s'ajoutent les délais des opérations purement techniques liés aux supports : programmation des logiciels, fabrication des images graphiques, tournage et production audiovisuelle, premastering et gravure des matrices de CD-ROM, achat des matériels, fabrication des bornes, etc.

Nous avons déjà évoqué les limites liées à la nature même de la matière : si les informations de type technique (quelle qu'en soit la teneur) ne posent guère de problèmes, dès que l'on sort de ce registre, l'étude, la création et la réalisation sont plus complexes à mener et, en même temps, les résultats, plus difficiles à garantir. Il peut même arriver que les mesures faites au moment des premiers tests imposent d'abandonner le choix d'un système interactif pour revenir à des moyens moins technologiques et plus « humains ». La pauvreté démultipliable du dialogue interactif est alors remplacée par l'ouverture et la richesse théoriques, mais plus difficilement organisables, du véritable dialogue interpersonnel.

Il est intéressant de remarquer que, dans les cas d'abus de la technologie aux dépens d'un véritable dialogue, la technologie elle-même peut apporter des antidotes... C'est une utilisation possible de deux des fonctionnalités proposées par Internet : les

1. La « copie zéro » (ou le « master »), ainsi appelle-t-on la version définitive validée de tous les éléments constituant le logiciel (informatique, vidéo, son, etc.) à partir de laquelle seront réalisées les copies d'exploitation distribuées aux utilisateurs.

forums de discussion et le courrier électronique (voir chapitre 7). Même si la relation est codifiée sur des pages-écran, ces deux façons d'utiliser le Net mettent en relation des personnes et leur rend possible un véritable échange, quels que soient la distance qui les sépare et les moments où se font les questions et les réponses. Dans le cas des forums, c'est tout un groupe qui peut entrer en contact. Dans le cas des e-mails, il s'agit d'une véritable relation de personne à personne. On imagine aisément tout le parti que la communication d'entreprise peut tirer de ces deux fonctionnalités banales du Net en complément d'autres moyens plus formalisés. Ils sont l'occasion de tous les ajustements, de tous les compléments d'information et le moyen de personnaliser des réponses à toutes les questions qui peuvent se poser, même si ça se passe en mode différé.

Il peut arriver encore que les systèmes autonomes interactifs se heurtent aux réticences « culturelles » des utilisateurs : la technologie proposée, le type de dialogue imposé, les matériels mêmes dérangent les habitudes des cibles et sont contraires à leurs attentes. Dans ce cas, les résultats seront nécessairement médiocres...

Deux remarques s'imposent ici pour commenter ce risque, bien réel, de rejet : d'abord, il ne devrait pas se présenter ! Expliquons-nous... En effet une étude précise et approfondie des cibles, prenant en compte leur culture, leurs attentes et leurs éventuels refus, doit éviter pareille mésaventure. On n'insistera jamais assez sur l'importance capitale de cette phase des études initiales qui fait l'objet du premier chapitre de ce livre !

Seconde remarque : celle allergie à la technologie est le fait d'une génération dont l'importance quantitative ira, pour de simples raisons démographiques, diminuant dans les entreprises... Les plus jeunes, nourris de vidéo, de consoles de jeux, de micro-ordinateurs multimédia et d'Internet, seront aussi à l'aise avec les ordinateurs que leurs aînés avec leurs stylos ou leurs téléphones. Cette allergie à la technologie ne se « soigne » ni par l'information, ni par la contrainte... Mais ce combat d'arrière-garde cessera un jour, lui aussi, faute de combattants !

Enfin, l'hypermédiatisation des systèmes autonomes interactifs doit être utilisée comme telle, avec la plus grande prudence et l'à-propos que nous avons déjà évoqués pour tous les médias. La technologie n'est ni bonne ni utile en soi, mais uniquement par rapport à des résultats attendus, définis et mesurables. Ni la médiatisation, ni la complexité des outils, ni la performance technique, ni la satisfaction du réalisateur ou du communicateur n'ont la moindre importance. Seules importent, ici encore, la qualité et la réussite de la communication.

Chapitre 9
Choisissez les meilleurs moyens !

Identifiez d'abord ce dont vous avez besoin

À la fin du chapitre 5, avant de faire une rapide incursion au milieu des différents moyens qui s'offrent à vous, vous avez bâti la stratégie initiale puis le scénario de votre opération de communication. C'est à partir des différentes phases qui le composent que vous allez faire la démarche de choix de moyens à mettre en œuvre.

Mais attention ! Ne commencez pas par faire des choix techniques. Vous risqueriez de passer à côté de l'essentiel. En effet, quel est votre besoin ? Identifier le ou les moyens qui concrétiseront puis exécuteront au mieux le processus de transformation que représente chaque phase du scénario. Vous allez donc commencer par raisonner en termes de « besoins fonctionnels ». Expliquons-nous : ces besoins fonctionnels s'opposent aux « supports technologiques ». Ils sont exactement la mise en évidence de ce que vous attendez des différents « moyens techniques » (hommes et outils) que vous allez choisir ensuite. Et, bien sûr, vous ne les choisirez de façon pertinente que si vous précisez d'abord ce que vous attendez. Sélectionner d'emblée des supports technologiques reviendrait à chercher une réponse sans avoir préalablement posé la question. Cette façon de mettre la charrue avant les bœufs risquerait de vous faire passer à côté des solutions les plus utiles. Vous risqueriez en outre de choisir en priorité vos outils de prédilection ou de vous laisser un peu enivrer par les délices de la technologie. Cette attitude méthodique est aussi une façon pratique d'éviter que l'on vous impose des outils ou des personnes que vous ne souhaitez pas utiliser...

Règle n° 1

Avant de choisir un outil, soyez sûr de bien savoir ce que vous attendez de lui.

Le travail d'identification des besoins fonctionnels se fait en reprenant toutes les phases, donc tous les processus de transformation, que vous avez définis dans votre scénario. Pour chacune d'elles, vous vous poserez cette question simple : « quelles sont les grandes fonctions que je dois faire assurer par les moyens à mettre en œuvre ? » Vous pouvez vous aider des indications des chapitres précédents pour réfléchir sur les rôles possibles des personnes et sur les différentes fonctions des outils. Vous définissez ainsi de façon rigoureuse les besoins qui sont les vôtres.

Pour une phase donnée de scénario, vous pouvez identifier plusieurs fonctions à assurer : par exemple utiliser l'effet « leader » d'un patron, l'amplifier devant une grande salle et le diffuser simultanément sur un réseau.

Une fois établie et spécifiée cette liste, vous pouvez choisir rationnellement les supports technologiques.

Choisir les supports

Redisons encore une fois que nous considérerons les personnes utilisées dans un processus de communication comme des « supports » parmi d'autres... Cette remarque faite, de quoi s'agit-il maintenant ? Vous allez associer à chaque besoin fonctionnel identifié le ou, si possible, les supports susceptibles d'y répondre. Pourquoi est-il important de tenter d'en identifier plusieurs ? Pour plusieurs raisons : d'abord parce que cela vous permettra un choix nécessairement plus réfléchi et moins intuitif qu'une sélection unique. Ensuite parce que les différents supports répondront à un même objectif fonctionnel dans des environnements de contraintes et avec des budgets différents. Par exemple, le problème de la distance entre l'émetteur et les cibles peut, en lui-même, être résolu par l'envoi d'un document papier, l'envoi d'une cassette son ou vidéo, l'utilisation du réseau téléphonique, d'Intranet ou par une vidéotransmission... Les différences techniques sont de taille et les budgets sans commune mesure. On peut, enfin, à fonctionnalités identiques, prévoir une évolution progressive des supports. Par exemple, on commencera à travailler sur un journal d'entreprise imprimé puis, quand le principe en sera accepté, correctement positionné et que le système sera bien rodé, on pourra évoluer vers un journal télévisé ou un site Internet proposant un journal en ligne.

Après avoir établi une liste des supports capables de répondre à chaque fonction identifiée, il faudra bien choisir l'un d'entre eux. Vous le ferez à partir de l'environnement de contraintes que vous avez déjà analysé (voir chapitre 4). Ce sont, par ordre d'importance :

– les contraintes liées à la situation d'émission
  Elles seront cernées en répondant à des questions comme :
  • Peut-on disposer des personnes-clé quand et où il le faut ?
  • Sont-elles capables d'assurer en direct ce pour quoi on a choisi de les utiliser ?
  • Les messages sont-ils « montrables » ?
  • Quelle est leur importance quantitative, leur complexité ?
  • Quels sont les risques liés à l'émission ?

– les contraintes liées aux situations de réception
  Elles seront approchées par des questions comme :
  • A-t-on affaire à des populations captives (donc mobilisables « sur ordre ») ou, au contraire, à des groupes plus indépendants réagissant plutôt par consensus ?
  • Peut-on rassembler les cibles dans un même lieu ?

- Peut-on synchroniser les différents lieux de réception entre eux, et la réception avec l'émission ?
- Dispose-t-on des infrastructures techniques liées à tel ou tel support (réseaux, informatique, vidéo, etc.) ?

– les contraintes budgétaires
Vous les analyserez en répondant à ces questions :
- Le coût des supports est-il compatible avec le budget en valeur absolue ?
- La dépense liée à tel ou tel support de telle ou telle phase est-elle proportionnelle à sa place et à son utilité réelle dans l'ensemble du système ?

– les contraintes de type culturel
On les oublie souvent... Il est utile d'apporter des réponses précises à la question :
- Les outils envisagés sont-ils compatibles avec la culture de l'entreprise d'abord, puis avec celles des cibles retenues. La compatibilité fonctionne dans les deux sens : le décalage peut se faire vers le haut (technologies trop modernes, trop « branchées pour des milieux non préparés) ou vers le bas (technologies banales ou archaïques pour des milieux déjà habitués à l'usage des outils nouveaux). On trouvera les références et les indications utiles pour répondre à cette question dans les résultats de l'analyse des cibles.

Cette réflexion permettra de déterminer les meilleurs supports correspondant aux fonctionnalités de communication retenues. Mais, un outil de communication, c'est à la fois un support technologique et une certaine façon de s'en servir. Par exemple, on peut diffuser à partir de la même vidéocassette un reportage bricolé à la hâte et une production professionnelle d'un million de francs. De la même façon, un système comme Internet propose des fonctionnalités complémentaires très différentes les unes des autres et utilisables séparément. Il est donc indispensable de préciser immédiatement le type d'utilisation et le niveau de production qui seront associés au support.

Le « type » sera, d'une part, la façon d'utiliser le support ou l'outil pour que le processus de communication fonctionne et, d'autre part, s'il y a production, les principales caractéristiques de sa réalisation. On parlera souvent du « synopsis » des outils. Ce terme, qui vient de l'audiovisuel, peut être étendu à tous les supports. Certains outils, le téléphone, les e-mails ou les forums d'Internet limitent la « production » à l'indication de simples numéros ou adresses électroniques...

Le « niveau » sera le style de production que l'on retient sachant qu'il aura deux incidences immédiates : une incidence psychologique et une incidence budgétaire. On peur ainsi éditer un journal ou une affiche en une couleur ou en quadrichromie sur papier glacé. On peut encore réaliser un film vidéo en 3/4 de pouce avec une caméra d'amateur ou le faire en Forma Bêta professionnel, avec un réalisateur et une équipe de techniciens, dans un studio « broadcast »[1]. Un site Internet peut se limiter à quelques pages de texte ou, au contraire, offrir une somptueuse navigation audiovisuelle interactive à base d'hypermédia... Bien sûr, les effets des uns et des autres ne seront pas identiques. Notez bien que le plus cher et le plus prestigieux ne sont pas automatiquement les plus efficients. Rien ne dérange davantage les cibles que l'impression d'argent gâché...

Règle n° 2

Un outil, c'est toujours à la fois un support technique, un type et un niveau d'utilisation.

Pour bien calibrer le « niveau » de réalisation, il existe une règle qui fonctionne généralement bien : c'est la règle de la distance. On peut l'énoncer ainsi : plus les cibles sont « distantes » de l'émetteur (culturellement, fonctionnellement ou psychologiquement...) et plus la réalisation doit être élaborée et soignée. Par exemple, si vous vous adressez à des collaborateurs immédiats, vous vous contenterez d'une note manuscrite. Si vous vous adres-

1. On appelle matériels ou installations audiovisuelles « broadcast » ceux dont les normes techniques et les personnels qui les servent permettent une production de qualité technique diffusable sur les chaînes publiques ou privées. Ce terme fait référence à des normes minimum de qualité physique des supports définis sur un cahier des charges technique. Il ne préjuge en rien de la qualité de réalisation...

sez à votre service, vous faites photocopier et diffuser un document dactylographié. Pour entrer en contact avec des clients ou des prospects, vous éditez une plaquette en quadrichromie. Mais si, dans quelque sens que ce soit, vous faites un mauvais choix, vous allez à l'encontre de ce qui est attendu, donc vous créez un effet de décalage, de surprise, voire de choc.

Règle n° 3

Plus vous êtes distant des cibles, plus le niveau de réalisation doit être élevé.

Faites coexister différents moyens

Sauf si vous organisez une opération de communication très brève, très ciblée et à résultat facile, il y a bien peu de chances que vous soyez amené à ne mettre en œuvre qu'un seul moyen ou un seul support. Vous allez donc construire des systèmes dans lesquels coexisteront et interféreront plusieurs moyens complémentaires qui pourront être de technologies, de niveaux et d'utilités différents.

Règle n° 4

Il est très rare qu'un seul moyen permette de réussir la transformation dont vous chargez une phase du processus.

La « coexistence » entre les moyens représente le niveau minimum de relation entre eux... Elle se construira de façon séquentielle, au fur et à mesure des différentes phases, les moyens et outils intervenant alors les uns à la suite des autres. Elle se fera aussi de façon simultanée : dans une même phase vous pouvez être amené à faire fonctionner ensemble différents moyens, comme la lecture d'une fiche, l'audition d'une cassette son ou l'accès à une base de données. Dès lors apparaît un risque : celui de l'« effet patchwork » : les cibles ont l'impression de se trouver devant une multitude de bribes de communication, de pièces d'un puzzle dans lesquelles est éclaté le message. Cet effet est désastreux parce que dissuasif : il perd les cibles dans le labyrinthe d'outils mal articulés les uns avec les autres. Il manque un fil d'Ariane indispensable sans lequel les destinataires des messages se fatiguent, s'énervent et, finalement, sont dissuadés de s'investir.

Contre le risque de l'effet patchwork, il y a deux précautions à prendre. La première consiste à définir des « constantes de communication » que l'on retrouvera dans tous les éléments composant le système de communication. Ce pourra être des slogans, des logotypes ou des pictogrammes, des images, des couleurs, des formats de page ou d'écran, des éléments sonores, génériques, musiques ou jingles. Ces signaux, présents dans tous les supports (dans une forme qui leur est, bien sûr, adaptée) agiront comme autant de rappels d'appartenance à un même ensemble, à un même système. Ils auront sur les utilisateurs un effet de confort et de sécurisation évident. Les constantes de communication sont choisies, définies et complètement formalisées et amont de toute production. La seconde garantie contre l'effet patchwork consiste à organiser tous les éléments en un véritable « système » de communication.

Organisez des « systèmes » de communication

Pour préciser rapidement cette notion, nous dirons qu'un système, par opposition à une collection atypique d'éléments coexistants ou disparates, se fonde sur des relations d'interdépendance, d'interaction et de synergie entre toutes ses composantes. Il donne des résultats plus efficients que la simple somme des effets de chaque élément. Les relations entre les composantes d'un système se situent à différents niveaux.

Ce sont d'abord des relations de complémentarité. En effet, chaque moyen a, d'un côté, des points forts et, de l'autre, des points faibles : faiblesses, lacunes, dangers ou effets pervers. On demandera donc aux moyens d'agir les uns envers les autres comme autant d'antidotes. Par exemple, la communication directe amplifiée d'une convention a un effet tonique et mobilisateur. Mais rien n'en reste, une fois terminée la grand-messe, que des impressions, sinon quelques résolutions dont les effets positifs iront en s'estompant. Il sera donc utile d'en rappeler le ton et les messages par des moyens plus constants et rémanents comme des journaux proposant des comptes-rendus ou des reportages, des affiches ou une vidéocassette contenant un montage des moments-clé.

Règle n° 5

Faites fonctionner ensemble des moyens complémentaires et « antidotes » les uns des autres.

De la même façon, un vidéogramme conceptuel de présentation d'une démarche de « qualité totale » a une valeur d'information et de formation évidente. Néanmoins, pour emporter la conviction et l'adhésion de tout le personnel, il faudra utiliser des moyens plus chauds et faire jouer à l'encadrement un rôle mobilisateur. Or, le temps (grand ennemi des communicateurs...) aura tendance à dégrader les enthousiasmes et les énergies, selon le modèle entropique bien connu. Il sera donc nécessaire d'injecter, à un rythme choisi, des doses de mobilisation, d'enthousiasme, d'énergie en utilisant des moyens émotionnels forts.

L'interdépendance des moyens dans le système crée l'effet de cohérence de l'ensemble. Dans un processus continu, un moyen renvoie à un autre, soit qu'il l'annonce, soit qu'il en préconise immédiatement l'usage. Ainsi l'orateur indique-t-il comment utiliser le dossier de présentation du nouveau produit. Ce dossier lui-même fait explicitement allusion à un argumentaire commercial développé sur cassette-son et à des informations complémentaires sur les produits concurrents disponibles sur un site Intranet auquel tous les vendeurs ont accès. C'est là un exemple de structure en chaîne du système de communication : chaque moyen est relié à un autre, soit par une annonce, soit par une connexion logique.

Règle n° 6

Les relations logiques entre les différents moyens assurent la cohérence du système.

Il est aussi possible de donner à l'un des éléments du système un rôle de « pilote » de l'ensemble : c'est lui qui assurera alors la conduite de tout le processus et organisera l'utilisation par les cibles des différents moyens mis à leur disposition. Ce rôle peut être confié à une personne qui, régulièrement, fera le point et invitera à utiliser le ou les moyens dont l'intervention dans le système est prévue à ce moment. C'est le rôle de l'animateur d'une campagne d'action ou d'une démarche quelconque de progrès. Il peut être encore assuré par un support technique passif : par exemple une « lettre » régulière apportera les informations aux cibles et les invitera à mettre en œuvre tel ou tel support. Des « rendez-vous » par l'intermédiaire d'un support vidéo actif, comme la vidéotransmission ou la téléconférence, sont aussi un bon moyen de piloter un système de communication de façon dynamique et touchant n'importe où des cibles non captives ou trop dispersées pour pouvoir être rassemblées.

On utilise aujourd'hui volontiers les réseaux (Internet, Intranet ou Extranet, sans parler des réseaux privés des entreprises) pour assurer ce rôle de pilotage : les « boîtes à lettres » électroniques permettent de s'adresser individuellement à toutes les cibles disposant d'une adresse e-mail personnelle, et cela de façon automatique. On peut ainsi, au moment choisi, les inciter à utiliser les autres moyens préconisés. Souvent ces systèmes permettent en outre de surveiller les réactions des cibles : lecture des messages ou, si le système l'a prévu, réaction à ces messages. Le feed-back est ainsi assuré et géré par le système lui-même.

Vous devez être conscient que ces interactions entre les différents moyens évitent, ou du moins limitent, l'effet patchwork, les décrochages ou les abandons en cours de route d'une partie de vos cibles. De plus, les effets de rappel ou d'annonce amplifient et démultiplient l'efficacité propre à chacun des autres moyens. De là même naît une synergie efficace entre les éléments composant un système bien conçu, bien articulé et homogénéisé par des constantes de communication transversales et communes à tous les supports.

Les risques liés aux outils

Nous avons déjà évoqué les risques propres à l'utilisation des personnes, essentiellement en situation de direct. Ils sont évidents mais parfois difficiles à supprimer complètement. L'utilisation des outils ne va pas non plus sans certains risques. Il vaut mieux les connaître pour être capable d'en atténuer éventuellement les effets. Vous avez à vous défendre contre trois types de risques : les sens induit dans le message par les différents outils, le risque de « surmédiatisation » et, vous le connaissez déjà, le « syndrome de l'homme orchestre ».

Les outils de communication, ou les médias induisent un sens ou plutôt du sens, ils signifient quelque chose en eux-mêmes, en dehors, et parfois même à l'encontre, de votre message. Mac Luhan a fait son éphémère réputation sur cet aphorisme mille fois commenté : « medium is message... » Sans prendre la phrase au pied de la lettre, force est de constater que l'outil n'est jamais neutre, quelle que soit la rationalité de son choix. Il est en lui-même inducteur de sens, de significations diffuses, de « connotations » diraient peut-être les sémiologues.

Le mot « medium » est à prendre au sens le plus complexe : l'outil associe un support physique d'information (papier, écran, salle de spectacle...) et un type de réalisation (affiche en quadrichromie, génériques en trucages électroniques, mise en scène d'une convention...). C'est l'ensemble (support, mode et niveau de réalisation) qui vient interférer avec le sens des messages véhiculés et la tonalité choisie.

Règle *n° 7*

Le choix d'un outil et son utilisation ne sont jamais neutres : ils ajoutent du sens à votre message ou le contredisent.

Cette interférence peut aller dans le sens du message et, donc, le renforcer : par exemple, modernité, puissance, richesse associées à une opération de vidéotransmission multidirectionnelle ou modernité jeune et branchée d'Internet et du multimédia. La même phase traitée sous forme de micro-réunions sans mise en scène ni cérémonial verrait à coup sûr une opposition entre le message, nécessairement triomphaliste en la circonstance, et la forme banale du média choisi. L'inefficience de nombreuses « notes de service » tient souvent à la froideur du support papier et ce type d'utilisation qui « refroidissent » les informations les plus sensibles ou les plus chaleureuses. Elles ne sont jamais mobilisatrices (sauf à avoir un contenu torride, mais alors, pourquoi un tel support ?) et déclenchent difficilement des actions : un support inerte est peu propre à faire bouger des cibles peu enclines naturellement au mouvement...

Il faut, dans le cas où l'on serait tenu par des contraintes (souvent d'ordre budgétaire...) d'utiliser des médias un peu déphasés par rapport aux messages et aux résultats attendus, trouver un truc, un détail, qui atténuera cet effet pervers : rédactionnel surprenant, couleur inhabituelle, sticker collé sur une note, lieu ou heure de réunion inattendue, Président en bras de chemises, etc. À vous de faire preuve d'imagination et de convaincre vos commanditaires que ces surprises, qui leur font souvent un peu peur, éviteront que l'opposition entre médias et messages ne perturbe leur communication.

L'autre risque sournois est celui de la surmédiatisation. Il se présente sous deux aspects : d'abord le déséquilibre entre un petit rôle donné aux personnes et une utilisation pléthorique d'outils inutiles... Ensuite une trop grande sophistication des moyens alors que des outils simples auraient été aussi efficients sinon plus. Dans les deux cas l'abus d'outillage se traduit par des surcoûts inutiles qui sautent aux yeux de vos cibles de façon néfaste pour l'opération. Car communiquer, au sens juste du terme, ne doit jamais être perçu comme le fait de « jeter l'argent par les fenêtres ». La surmédiatisation est soit le résultat d'une mauvaise analyse des phases du scénario, soit le symptôme de tics médiatiques du patron de l'opération. Le fait que vous adoriez produire des clips vidéo ou que vous soyez un internaute intoxiqué ne signifie en rien que ces supports soient utiles dans votre cas de figure. Et la communication n'a jamais eu comme objectif premier de faire plaisir aux émetteurs...

Règle n° 8

L'abus des outils perturbe toujours la communication.

Le dernier risque lié à l'usage des outils est le « syndrome de l'homme orchestre ». C'est un danger des situations de direct abusant de moyens hétérogènes : le présentateur est entouré d'une technique compliquée, voyante et monopolisant trop l'attention. L'abus, ici, peut devenir risible et transformer le médiateur en un personnage de cirque. Gare, alors, aux incidents techniques ! Et si l'usage de tous les outils se justifie vraiment, faites-les manipuler par un régisseur qui, en coulisses, suivra l'opération sur son « conducteur »[1] et gérera les différentes utilisations de la technique sans souci de gérer en même temps la communication. La

1. Le conducteur est un document, vérifié et validé au cours des répétitions, qui détaille chronologiquement tout ce qui se passe de la première à la dernière seconde d'une opération de communication mettant en œuvre des outils. Intervenants, contenus des discours, questions et réponses, utilisation des outils, durée précise des différentes séquences, indications scéniques... tout y est détaillé. Le conducteur, indispensable à toute situation de direct, ne laisse place à aucune improvisation.

bonne technologie est celle qui ne se « voit » pas, celle qui sait, grâce à une bonne organisation, rester totalement transparente.

Démarche pratique pour choisir les moyens

Selon la logique des questions évoquées au début de ce chapitre, nous vous proposons de structurer cette démarche en cinq étapes.

Étape n° 1 : identification des besoins fonctionnels

Vous reprenez chaque phase du scénario de communication et vous identifiez les besoins fonctionnels de médiatisation.

À chaque phase peuvent correspondre plusieurs besoins fonctionnels.

Vous en établissez la liste par ordre d'importance décroissante.

Étape n° 2 : choix des moyens (personnes et outils)

À chaque besoin fonctionnel, vous ferez correspondre un ou plusieurs moyens capables de les assurer : personnes et/ou outils.

Dans la plupart des cas, et avec un peu de pratique, vous pourrez en identifier plusieurs. Cela vous amènera donc à faire un choix parmi les moyens possibles.

Ce choix se fera à partir de la prise en compte des contraintes :
- contraintes liées aux cibles ;
- contraintes de temps et de délais ;
- contraintes de mise en œuvre et diffusion ;
- contraintes budgétaires.

Vous procéderez donc d'abord en éliminant les moyens théoriquement utiles que les contraintes ne permettent pas de retenir. Puis, en dernier ressort, vous choisirez le(s) moyen(s) présentant le meilleur « rapport performance/prix ».

Vous disposez donc maintenant, pour chaque phase du scénario, d'un ou plusieurs moyens.

Étape n° 3 : constitution du système

Il s'agit ici de considérer que ces outils et moyens choisis vont devoir fonctionner ensemble, dans des relations à la fois logiques et chronologiques.

Cette étape consiste à vérifier l'équilibre des choix personnes/ outils, les relations d'alternance et de compatibilité de tous les éléments constituant le système :

- l'équilibre : c'est une répartition, optimale par rapport aux résultats que vous attendez, entre, d'un côté, les personnes et les outils et, de l'autre, les médias passifs, les médias actifs et les médias interactifs ;
- la compatibilité : c'est la neutralisation par un moyen des effets négatifs et pervers d'un autre moyen (statique/dynamique, émotionnel/neutre, actif/passif, fugace/rémanent, etc.) Méfiez-vous des systèmes présentant des caractéristiques trop unilatérales ;
- l'alternance : la communication dynamique (sauf à rechercher un effet contraire défini et maîtrisé) est toujours fondée sur un rythme, c'est-à-dire une alternance organisée dans le temps. Vous devez donc vérifier que les caractéristiques contraires appartenant aux moyens choisis sont bien réparties dans le temps et non groupées en grumeaux ou en paquets générateurs de déséquilibres et, pour vos cibles, de risques de rejets et de blocages.

Étape n° 4 : le choix des types et des niveaux

En relation avec chaque moyen choisi et localisé, vous identifierez :

- le type de réalisation, ou, si vous avez recours à des personnes, leur rôle exact. Il s'agit d'une préoccupation qualitative ;

– le niveau de réalisation. Cette préoccupation est, elle aussi, qualitative. Mais ses conséquences quantitatives sont évidentes, ne serait-ce qu'en termes de délais de production et de budget.

Étape n° 5 : représentation du scénario instrumenté

Vous disposez maintenant de l'essentiel :
- les phases du scénario ;
- l'organisation logique et chronologique des différents moyens constituant le système de communication.

Vous allez représenter l'ensemble sur un document de synthèse que vous ferez valider par tous les partenaires de votre opération.

Vous commencerez par écrire précisément, de haut en bas, la chronologie complète depuis le début jusqu'à la fin. Attention ! Les échelles de temps ne sont pas nécessairement les mêmes pour chacune des phases :
- une phase longue, peu structurée et peu découpée, aura peut-être une échelle de temps organisée par semaine ;
- une phase courte et très rythmée sera découpée en minutes.

Mais, quelle que soit l'unité de temps, vous respecterez systématiquement l'exactitude chronologique en indiquant toujours les relations d'antériorité, les jonctions et les éventuelles superpositions des phases.

Pour chaque phase vous indiquerez :
- son numéro ;
- ses caractéristiques (ressorts et registres) ;
- les moyens et supports retenus avec, pour chacun d'eux, le style et le niveau de réalisation.

Étape n° 6 : établissement des listes de production

Vous allez dresser une liste pour chaque type de support (intervention de personnes, vidéo, conférences, papier, système hypermédia sur CD-ROM ou accès à Internet, etc.).

Vous noterez sur chaque liste toutes les productions envisagées, par ordre chronologique d'utilisation (du plus urgent au plus long terme).

Cette liste n'apporte rien de nouveau au système proprement dit. Elle est d'abord pratique. Elle vous permettra de planifier les opérations de production et, plus tard, de les suivre, d'organiser la sous-traitance ou les achats et, enfin, d'établir un budget définitif précis.

N'oubliez pas de faire valider, et pourquoi pas, sous une forme contractuelle, le scénario instrumenté. C'est la solution que vous pouvez proposer pour tenir l'engagement de votre cahier des charges. Une fois acceptée votre solution, il ne peut plus y avoir de remise en cause ni de modifications, sauf si elles sont négociées et acceptées d'un commun accord.

Cette signature marque la fin des études et le début de la production. L'essentiel de la réussite de votre opération de communication est maintenant joué. Puisque vous avez travaillé méthodiquement, vous l'aurez, bien sûr, gagnée !

Entraînez-vous

Reprenez le scénario que vous avez élaboré après avoir lu le chapitre 5. Chaque phase fait maintenant l'objet d'une fiche qui porte, entre autres choses :
- les morceaux organisés de message ;
- les étapes du processus de transformation des cibles.

Pour chaque étape, vous allez :

- définir les « besoins fonctionnels », c'est-à-dire ce que vous attendez de l'utilisation d'un ou de plusieurs moyens ;
- dresser pour chaque besoin fonctionnel une liste de moyens possibles (personnes et/ou outils) ;
- choisir les moyens les plus pertinents en justifiant vos choix par la prise en compte des contraintes que vous avez identifiées pour cette opération.

Ensuite, vous vérifierez :

- le bon équilibre entre les différents types de moyens ;
- leur organisation en un système (au-delà de la simple et insuffisante coexistence) ;
- que vous avez évité l'abus dans l'utilisation des outils.

Vous dresserez, pour terminer ce travail, les listes de production pour chaque support retenu.

Si vous n'avez que cinq minutes

- Avant de choisir des moyens ou des outils de communication, commencez par définir leur rôle fonctionnel : ce pour quoi vous les utiliserez.
- Le choix des outils se fera ensuite. Vous retiendrez plusieurs outils possibles pour chaque besoin fonctionnel. Vous choisirez enfin le meilleur, en fonction des différentes contraintes de votre situation de communication.
- À chaque support retenu, vous associerez un type et un niveau de réalisation.
- Un seul outil ou moyen permet rarement de réussir une opération de communication : vous en ferez fonctionner plusieurs ensemble que vous organiserez en un « système ».
- Vous serez attentif à éviter les risques de « l'effet patchwork », celui du décalage entre le média et son contexte d'utilisation, ainsi que celui de la surmédiatisation.
- Pour connaître la démarche pratique de choix des moyens et supports, reportez-vous au paragraphe « Démarche pratique pour choisir les moyens » (page 152).

Chapitre 10
Convaincre ou séduire... faut-il choisir ?

Y a-t-il deux façons de communiquer ?

Les chaînes de télévision offrent une illustration presque caricaturale de cette opposition que l'on établit habituellement entre deux modes de communication : d'un côté, le journal télévisé, informations considérées comme objectives qui se doivent – République et (ce qu'il reste du) Service Public obligent... – pédagogiques et convaincantes. De l'autre, deux plages de publicité affichent la séduction comme unique mode de vente. Entre l'un et l'autre, la mince frontière du générique qui signale que l'on change de genre... Aurait-on quelques raisons de ne pas en être tout à fait sûr ? Plus caricatural encore, le « style CNN » qui utilise des standards de publicité, crée des génériques dignes de « video games » pour rythmer la guerre du Golfe, les massacres d'Afrique ou les voyages de Bill Clinton...

Il est vrai que tout oppose ces deux genres. « C'est de la pub ! », dit-on pour souligner le peu de foi qu'il faut accorder à une donnée ou à une information. Et pourtant, elle fonctionne : elle fait vendre « pour de vrai » ! Tous les chiffres des agences et des annonceurs en font la preuve, même s'il est parfois difficile de faire la part des choses dans l'écheveau des causes directes. Bien sûr, personne n'est dupe de la nature de ce mode de communication séducteur. Personne n'attend de lui d'être convaincu. En revanche, tout le monde, le reconnaissant ou non, aime être séduit... Il y a donc bien une communication séductrice qui fonctionne parce qu'elle est séductrice et reconnue comme telle. Il y a donc bien aussi, un certain plaisir douteux, un certain confort aussi à voir le tragique aseptisé par des effets vidéo et la mort des autres digitalisée...

On oppose souvent à la communication de séduction, avec trop de légèreté et de systématisme, la communication de conviction, modèle de rigueur, d'ascétisme, de pureté sinon, souvent, de purisme. Certains supports cultivent cette image et, jouant sur le glissement facile du sérieux au sinistre (et vice versa...), profitent de l'austérité de leur forme pour faire croire à une éternelle rigueur, à une profondeur et à une probité qui iraient de soi. On peut citer *Le Monde*[1] et *France Culture* pour illustrer ces propos un peu iconoclastes... Ces deux extrêmes montrent les limites d'une telle opposition entre une communication qui serait de pure conviction et une autre de pure séduction, l'une de pure rigueur et de pure honnêteté, l'autre frivole voire perverse par nature. Cette vision manichéenne est trop systématique, trop facile pour être honnête !

Séduire pour convaincre ?

L'opposition conviction/séduction n'est pas irréductible. Mais elle flatte en nous un moralisme un peu facile et cette opposition culturelle entre le Bien et le Mal, le Vrai et le Faux, le Moral et le Sulfureux, qui nous vient de fort loin... Nous avons beaucoup de mal à admettre que le sérieux peut ne pas être systématiquement

1. Ce journal du soir cultivait à dessein l'austérité formelle et le style « institutionnel triste », comme si l'austérité garantissait le sérieux et la rigueur. De nouvelles maquettes, l'utilisation de la couleur, des photos et une réelle créativité en ont totalement changé le style. Curieusement, ce journal semble avoir perdu en même temps l'impartialité intellectuelle qui était la sienne... Hasard ?

sinistre, que l'on peut être à la fois « séduisant » (attention ! Je n'ai pas dit – mais l'opposition est facile – « séducteur »...) et convaincant ou encore jouer à la fois sur les deux registres.

Et pourtant, si tout les oppose, rien n'interdit ni n'empêche, dans l'élaboration d'une stratégie, d'utiliser les deux. Nous l'avons vu au chapitre 4.

La bonne stratégie est même celle qui, jouant de l'alternance de ses phases, saura être suffisamment séduisante pour mettre ses cibles dans un état de disponibilité tel qu'elles seront plus réceptives au discours de conviction. Elles seront ainsi touchées par les arguments ou les témoignages de façon plus durable. La rhétorique classique savait que la « captatio benevolentiae » initiale, objet essentiel de l'introduction, était une condition sine qua non de l'efficacité d'un discours, qu'il fût juridique, politique ou philosophique. Plus près de nous, les magazines télévisés à contenu complexe font régulièrement la démonstration de la valeur pédagogique d'une réalisation « séduisante » sinon séductrice. L'austérité et l'ennui sont plus dissuasifs et perturbateurs qu'efficaces. N'en déplaise aux jansénistes de la communication, ascètes un peu tristes de la seule qualité du « fond », le plaisir reste encore un des plus extraordinaires moyens d'écouter, de comprendre, d'apprendre et de retenir. Vous devrez donc constamment avoir le souci de mettre ce plaisir au service de la rigueur, la qualité de la réalisation au service de celle de vos arguments et votre imagination au service de la vérité. Enfin, de votre vérité !

Les limites du mélange...

Si ces arguments sont, de façon théorique, difficiles à contester, toutes les questions délicates se poseront à vous au moment de la conception et de la réalisation des différents supports, qu'ils soient de direct ou de différé. Elles se traduiront essentiellement en termes de dosage et de déontologie.

La question du dosage est simple à poser. Elle peut prendre deux formes selon la situation que vous aurez à traiter :

- Quelle dose de séduction faut-il mettre dans un discours de conviction ?
- Quelle dose de conviction faut-il mettre dans un discours de séduction ?

Une réponse générale est difficile, parce que, ici encore, il n'y a pas de solution idéale ou de dosage totalement reproductible. Chaque cas est un cas d'espèce qui, un peu comme une préparation culinaire, aura sont propre mélange parfait. Et encore ! Peut-on dire qu'il y ait une « bonne cuisine » ? L'art des épices et des cuissons est très lié à celui qui les manie mais la définition du « bon goût » dépend en dernier ressort de ceux qui dégustent... Goût personnel, mais aussi goûts multiples liés aux cultures, aux lieux, aux temps, aux traditions ou aux habitudes. Et, dans ce domaine, « vérité en deçà des Pyrénées... »

Au-delà de la simple image gastronomique, cela signifie que le dosage séduction/conviction est à mettre au point en fonction des cibles et des résultats que l'on attend de la transformation. Vous aurez le choix entre une communication « sucrée » ou « acide », voire « aigre-douce »... Rappelez-vous, ici encore, le miel et le vinaigre ! Ils n'agacent pas les dents de la même façon et de leur alternance ou de leur mélange dépend la saveur du plat.

On ne peut l'approcher qu'en utilisant quelques contre-exemples qui nous semblent autant de dérives par rapport à l'efficience de la communication ou par rapport à la déontologie. Nous prendrons le premier dans le domaine que nous évoquions à propos de l'information télévisuelle : le culte du présentateur (ou de la présentatrice) « vedette ». En quoi ce phénomène constitue-t-il une dérive ? Précisons d'emblée qu'il est essentiellement commercial puisque son résultat attendu est de fidéliser une audience-clientèle dont dépend le prix de la publicité amont et aval et dont, aux heures de grande écoute du « prime time », les régies publicitaires des chaînes s'arrachent des lambeaux, si petits soient-ils, par tous les moyens. À l'origine, l'idée de faire médiatiser l'information par un journaliste, metteur en forme et pédagogue, est excellente. Mais cet intermédiaire utile devient peu à peu un passage obligé de plus en plus encombrant, donc parasite.

Sa valeur ajoutée objective baisse et, extraordinaire retournement de rôle, l'information, devenue faire-valoir de l'artiste, est prétexte à un show. La vedette médiatique fait de l'ombre à l'actualité[1]. L'interview devient prétexte à une grande scène ou un grand air. L'emballage-cadeau a pris le pas sur le contenu. C'est comme cela que l'on vend les yaourts et la lessive. Est-ce encore de l'information quand il s'agit d'aspirer le client et de le scotcher devant l'écran le temps des pages de pub ? Il est vrai que la machine télévisuelle est de plus en plus « show » et de plus en plus « business ». La valeur vénale de la seconde en « prime time » impose de séduire par tous les moyens alors que l'actualité, en soi, est rarement séductrice...

Le cabotinage n'est pas le monopole des journalistes. Professeurs, conférenciers, formateurs et communicateurs de tous acabits oublient souvent la nécessaire et fondamentale modestie de leur rôle pour dériver vers un exhibitionnisme de frustrés. Et leurs auditoires, fascinés par des trucs éculés d'histrions médiocres, sortent subjugués : « Quel brillant personnage! » « Mais, devrait-on ajouter, de quoi a-t-il bien parlé ? » La réponse est simple : de lui et de lui seul ! Méfiez-vous comme de la peste de ces pseudo-communicateurs en mal d'identité, ces pompes à reconnaissance, ces aspirateurs à ovations qui ne savent et ne peuvent parler que d'eux-mêmes... Et c'est rarement intéressant. Ces Don Juan de la communication, constamment en état de manque, séduisent par besoin de reconnaissance. Ce n'est pas directement votre problème ! À moins que vous soyez psychothérapeute... Et pourtant, quels résultats attendiez-vous ? Uniquement des applaudissements de cirque ? S'il s'agissait d'aider à l'acquisition d'une information, d'un savoir ou d'un savoir-faire, l'opération est ratée.

La perfection du machiavélisme dans ce domaine est certainement atteinte par les professionnels de la politique, tous partis et toutes tendances confondus, semble-t-il. Toute parole « politique » est un risque puisqu'elle risque d'être prise pour un engagement... Il s'agit donc (le plus souvent) d'arriver à ne rien dire, mais à le très bien faire ! Paradoxe de la démocratie : le champ des

1. De célèbres exemples montrent aussi que le « bidonnage » de l'information n'est plus un tabou...

actions possibles étant de moins en moins ouvert, on ne peut se différencier des adversaires que par la communication montée autour de ces petites actions, souvent atypiques. Il ne reste alors que la « forme » pour remonter dans les baromètres des cotes qui sont à la politique ce que l'Audimat est à l'audiovisuel. Et c'est le règne tyrannique des « petites phrases » du week-end, des mèches teintes ou appliquées, des dents limées (au sens propre... Eh oui !), des liftings ou des chemises Lacoste aux couleurs tendres arborées comme indice suprême de décontraction BCBG pendant les « universités d'été »... Les ficelles de music-hall, les séductions de show-biz prennent une importance un peu triste, sinon inquiétante. À quand un *Que Choisir ?* de la politique pour passer au banc des « essais comparatifs » ce qu'il y a derrière l'emballage ? Mais pourquoi les Français sont-ils si nombreux à oublier de se rendre aux urnes ? Mais pourquoi les hommes politiques, qui sont tous, par définition, des hommes de grande vertu, voient-ils leur métier situé au-dessous de celui des femmes que l'on dit de petite vertu ?

Les erreurs de registre

Le véritable danger de ces dérives de la communication politique est qu'elles ne sont pas choisies par les acteurs, mais imposées par les circonstances, la mode ou une sorte d'affadissement, sinon de perversion, de la notion même de politique. Il est probable qu'ils n'ont pas eux-mêmes beaucoup de marge de manœuvre. Dans les situations de communication professionnelle que vous traiterez, vous aurez à la fois moins de risque et plus de liberté de choix et d'action. Vous pourrez donc être d'autant plus vigilants sur le choix du ton dans lequel vous communiquerez. Pour vous, l'erreur la plus fréquente et la plus dangereuse consiste à laisser paraître un ressort et un ton inadaptés au discours. Si vous avez bien lu le chapitre 4 et mis en œuvre la démarche proposée, vous devez penser que cette erreur est impossible puisque le ressort pertinent est choisi et parfaitement identifié, phase par phase, dans votre stratégie. Vous avez raison, théoriquement du moins.

Le risque réside dans l'utilisation, au moment de la réalisation ou de l'exécution en direct d'une phase du scénario, de trucs, de clichés, de tics ou tous simplement de moyens classiques de formalisation liés à un ressort donné, mais incompatible avec celui que vous avez choisi. Ce risque est d'autant plus réel que vous serez amené à sous-traiter la réalisation de vos outils à des professionnels qui ont tous leurs goûts et leurs préférences. Certains font toujours « léger », d'autres « narratif », d'autres dramatisent, d'autres se contentent systématiquement de reportages, d'autres, enfin, produisent avec succès des outils racoleurs... Et ceci est à surveiller quels que soient les supports retenus. D'où l'attention que vous porterez au choix de vos partenaires. Ils seront différents en fonction de la tonalité des opérations à mener[1].

L'autre risque réside, à l'opposé, dans une accumulation d'éléments formels, séducteurs ou convainquants, trop directement semblables au discours. C'est l'impression désagréable de « trop c'est trop... » On glisse alors du tragique au grand guignol, du reportage au procès-verbal ou du clin d'œil à la plaisanterie un peu lourde. L'excès par accumulation d'effets, quelle que soit la tonalité traitée, arrive vite. Il n'est pas de règle pour l'identifier : le tact, la retenue, la justesse, le bon ton... À vous d'en faire preuve pour identifier le moment où les effets de réalisation risquent de vous faire passer de l'utile au « too much », non seulement inopérant mais surtout dangereux pour les résultats que vous attendez. Ou alors, si vous choisissez délibérément l'excessif, sachez d'abord pourquoi vous le faites et, ensuite, comment le maîtriser et l'exploiter dans le processus complexe que vous gérez.

1. Ceci pose implicitement le problème des équipes de réalisation « intégrées » aux entreprises : services graphiques ou audiovisuels. Pratiques en termes de disponibilité et de délais et parfois moins coûteux que les autres (ce qui n'est pas toujours facile à démontrer...), ils sont très contestables en termes de stricte orthodoxie de la communication. La solution idéale est de leur confier un rôle de « producteur exécutif » chargé de choisir, d'acheter et de gérer la sous-traitance à d'autres professionnels qui, eux, exécuteront les prestations de réalisation proprement dites et le feront dans un style choisi, et non pas subi pour occuper et rentabiliser des équipes.

Toute communication est une manipulation...

Voilà... Ça y est ! Le grand mot est lâché : manipulation ! Et surgissent alors, brandissant les bannières immaculées de la morale, les preux chevaliers de la déontologie... S'il y a manipulation, nous reprochent-ils aussitôt accourus, la déontologie est bafouée : les cibles ne sont plus libres ; elles sont conduites malgré elles quelque part où elles n'ont pas choisi d'aller, etc., etc.

Précisons d'abord que nous ne faisons ici ni un traité philosophique ni, *a fortiori*, œuvre de moraliste. Ce n'est ni notre métier ni notre sujet. Ajoutons que, dans ces pages, notre seule préoccupation est la communication professionnelle dans le cadre de l'entreprise, même si des exemples ont été appelés à la rescousse dans d'autres domaines de la vie.

En tant que structure, l'entreprise peut légitimement avoir des objectifs et des modes de fonctionnement qu'elle impose à ses salariés sans que ceux-ci aient à les discuter. Ce n'est peut-être pas le meilleur état possible d'un consensus efficace, mais chacun demeure libre... même de quitter l'entreprise pour en choisir une autre dont les choix lui conviendraient mieux. Libre aussi de créer la sienne, selon ses goûts, où il serait possible à chaque employé (ô rêve adolescent !) d'agir et de réagir à sa guise.

Ceci posé, revenons à notre définition de la communication : nous la présentions au chapitre 2 comme un processus de transformation. Il est évident que, dans ce processus, seul le communicateur sait où il veut conduire ses cibles puisqu'il a lui-même défini les résultats qu'il attendait de l'opération. En ce sens, oui ! il est manipulateur. Il le sera d'autant plus – en assumant totalement cet aspect de son métier – qu'il choisira la stratégie, le scénario et les moyens les plus efficaces pour réussir.

Peut-on alors être « moralement manipulateur » ? Il est sûr que la communication de conviction, par les registres auxquels elle fait appel, est moins dangereuse et moins toxique a priori, que la séduction. Encore que les services marketing des entreprises sachent monter de toutes pièces des argumentaires capables de convaincre d'une chose, puis de son contraire, et que certains politiciens professionnels, habitués des parcours oscillants, illustrent aussi jusqu'au paradoxe qu'il est possible de convaincre leurs électeurs qu'une position est bonne... avant que son contraire ne le soit encore plus ! « Ce n'est par la girouette qui tourne, disait Edgard Faure... C'est le vent ! »

Alors, quelles bornes se donner ? Faut-il même s'en donner ? Si la fin ne justifie pas tous les moyens, du moins peut-elle les expliquer et aider à les choisir. Dès lors, si vous acceptez les choix politiques et stratégiques qui sous-tendent l'action de l'entreprise, le seul problème de la « transformation des cibles » est celui de son efficience. Même au prix de quelques regrets sur « ce qu'est la nature humaine », si vous êtes amené à choisir des registres qui vous plaisent moins que d'autres, prenez les choses telles qu'elles sont et non telles que vous auriez souhaité qu'elles fussent. Prenez aussi les gens tels qu'ils sont ! N'est-ce pas là votre première contrainte ? Et ici votre seule réponse possible s'appelle « réalisme ».

Convaincre ou séduire... Comment choisir ?

La première règle est de laisser de côté vos a priori personnels. Ne soyez donc ni un ascète moralisateur de la conviction à tout prix, ni un démagogue systématiquement séducteur. Soyez seulement pragmatique et réaliste : pragmatique pour atteindre avant tout les résultats que vous avez définis et fait valider ; méthodique pour choisir, sans arrière-pensées ni états d'âme, la bonne stratégie et les bons registres.

Acceptez aussi, comme faisant partie de votre fonction de communicateurs, d'avoir à manipuler vos cibles pour les faire parvenir aux résultats choisis. Votre rôle est de le faire le mieux possible, c'est-à-dire de la façon la plus efficiente et dans le meilleur « rapport performance/prix ».

En fait, votre choix ne sera jamais aussi binaire que « convaincre ou séduire ». Alors, évitez de vous poser la question de façon manichéenne. L'étude de ce qu'est un scénario de communication, au chapitre 5, vous a montré que l'alternance organisée de différents ressorts selon les phases successives était une façon performante de mener à bien la transformation des cibles. Il en est un peu de la communication comme du Ying et du Yang ! Il faut toujours un peu de conviction pour doper la séduction et un peu de séduction pour rendre plus fluide la démarche de conviction.

Si vous n'avez que cinq minutes

- On oppose volontiers deux modes de communication : une qui serait séduisante parce que séductrice et une autre, plus morale, qui ne chercherait qu'à convaincre.
- En fait, même dans la démarche de conviction choisie, il est nécessaire de séduire : le plaisir est un ressort utile.
- Le mélange, dans une même action, de la conviction et de la séduction a ses limites. Les dérives de l'information audiovisuelle et de la communication politique illustrent deux excès dans le mélange.
- La première erreur dans la manipulation des registres est l'opposition, au moment de la réalisation des outils, du registre et du discours. C'est ensuite une accumulation trop caricaturale d'effets de registre allant dans le même sens que le discours.
- Le communicateur doit accepter son rôle de « manipulateur » comme une donnée de sa fonction et, en rejetant les a priori de ses propres goûts, s'en tenir à la démarche méthodique proposée pour faire alterner de façon efficiente les différents registres.
- Une communication réussie n'est jamais totalement une démarche de conviction ou une démarche de séduction. Elle est à la fois l'une et l'autre, l'une au service de l'efficacité de l'autre.

Conclusion
Communiquez ! tout simplement...

Telle que l'a présentée ce livre, la communication n'est ni un luxe professionnel, ni une gourmandise pour intellectuel démocrate, ni même un métier en soi : elle appartient à vos obligations de cadre, quels que soient votre spécialité, votre métier et votre entreprise. Et cela, même si vous ne vous considérez pas (encore !) comme une vedette du business ou du management, même si vous ne travaillez pas dans un grand groupe multinational habitué du « 20 heures »...

La « fonction communication » fait partie de votre métier, au même titre que la gestion, le marketing ou la vente. Comme telle, vous devez vous y former, l'aborder méthodiquement et en appliquer les règles avec rigueur et méthode. Et il y a fort à parier que cette discipline, dont la pratique est encore souvent en friche, fera un jour l'objet d'un enseignement systématique dans toutes les formations, initiales ou continues, au management.

Vous l'avez sans doute compris en lisant ces pages, la mise en place d'une communication utile, efficiente, ne va jamais de soi. Vous ne communiquerez jamais naturellement ou immédiatement. Même les leaders les plus charismatiques n'échappent pas à cette logique de la communication qui, pour réussir, exige d'abord une analyse précise, ensuite une méthode structurée et instrumentée, enfin une rigueur d'exécution soucieuse des plus petits détails. N'importe quelle PME reconnaît l'utilité d'un bureau d'étude, même réduit à sa plus simple expression, en amont d'une production rentable et de qualité. Le processus de communication a des exigences au moins identiques : rien ne fonctionne bien qui n'ait été d'abord étudié, analysé, choisi, construit et testé... Tant pis pour le mythe du communicateur génial, artiste du message et magicien des outils ! Tant mieux pour votre métier, votre professionnalisme et votre efficacité personnelle. Tant mieux aussi pour votre plaisir de réussir en sachant pourquoi !

Beaucoup de réflexion et de méthode, encore plus de travail, une dose d'imagination et de créativité, parfois un peu d'audace et de « culot »... Tels sont les ingrédients d'une communication qui marche. En fin de compte, vous auriez sans doute besoin des mêmes composantes pour réussir une bonne vente, le marketing d'un produit nouveau ou la réorganisation de votre service. Et c'est bien normal puisque la fonction-communication n'est pas quelque chose de différent qui s'ajouterait en plus ou à côté des autres fonctions qui définissent votre poste. Elle en fait partie au même titre et avec les mêmes ressorts que les autres. Alors, quand vous communiquez, vous faites votre métier, dans une de ses dimensions les plus utiles. Tout simplement.

De la communication à la mondialisation...

Bien sûr, la communication ne fait pas tout ! La réduire à l'application, si rigoureuse soit-elle, d'une méthode, reviendrait un peu à confondre la beauté d'un flacon avec la qualité et le goût du vin qu'il contient... C'est qu'en amont de la méthode, du travail, de la technique et des outils, il y a d'abord une volonté et un état d'esprit.

Certains cadres et certains patrons tirent leur pouvoir et ce qu'ils croient être leur autorité de la rétention frileuse, calculée et cynique des informations qu'ils reçoivent, qu'ils détournent, qu'ils bloquent ou qu'ils pillent. À l'époque où le management des entreprises qui réussissent est d'abord fondé sur une gestion fluide des informations, la délégation, la responsabilité, ces vieux soldats retors, enfermés dans les blockhaus de leur ligne Maginot dérisoire, sont en retard d'une guerre, d'une génération d'entrepreneurs, d'une décennie d'intelligence... Ils sont rapidement contournés. Leur nécrose intellectuelle et morale les mène tout droit à une exclusion qu'ils n'auront même pas vu venir. La chute récente, mi-ridicule, mi-pitoyable de certains ci-devant « grands capitaines d'industrie » montre bien les limites de ces modes de management et de pilotage rétrogrades, fondés sur le secret et le mensonge.

La fonction-communication du cadre s'enracine dans une conception précise de la conduite des hommes et des relations avec les autres, qu'ils soient subordonnés, supérieurs hiérarchiques, partenaires, fournisseurs, clients ou actionnaires : l'idée que l'autorité utile est fondée sur la seule compétence reconnue et qu'elle se mérite ; l'idée que l'information, valorisée par ceux qu'elle touche, est aujourd'hui le facteur essentiel de réussite ; l'idée, enfin, que l'entreprise ne peut montrer à l'extérieur que ce qu'elle est au-dedans, quels que soient l'épaisseur des pommades publicitaires, le triomphalisme des films d'entreprise ou le clinquant des plaquettes...

Celui qui communique, à toutes les places de l'entreprise, est un démultiplicateur de puissance. Car, loin de fonctionner comme un « jeu à somme nulle » qui retirerait aux uns ce qu'il apporte aux autres, l'information communiquée, le partenaire informé, le salarié motivé, convaincu ou stimulé créent une richesse nouvelle, une « valeur ajoutée informationnelle » utile à tous. L'autisme managérial ne peut plus fonctionner à l'ère de la mondialisation. La valeur de référence des entreprises intègre de plus en plus sa volonté de communiquer et son talent à le faire.

Reste à savoir si, dans un monde de relations « adultes » (ou qui, du moins, devrait être tel...) tout peut et doit être dit. Question difficile et qui touche autant au pragmatisme le plus immédiat qu'aux questions plus lointaines d'éthique professionnelle ! Interviennent ici la liberté, les principes, les angoisses, les habitudes de chaque détenteur d'une parcelle d'information et de pouvoir. Mais on voit mal comment on pourrait demander le maximum d'intelligence et d'engagement personnel à des employés ou à des actionnaires à qui on choisirait par ailleurs de masquer, de tronquer ou de travestir la vérité d'une situation – bonne ou mauvaise – qui les concerne. Combien ont coûté aux contribuables et à l'image de la France les mensonges et les opacités des princes qui dirigeaient le Crédit Lyonnais ?

Si, dans ce type de question, un point de vue tranché est toujours trop théorique pour être honnête, du moins peut-on suggérer de se poser la question, en toute indépendance et en toute clarté, à chaque fois que l'on décide de communiquer sur quelque chose.

Une des composantes de ce que l'on appelle maintenant la « mondialisation » réside dans le développement extraordinairement rapide de toutes les formes de communication à tous les niveaux de la vie sociale et économique. Les micro-réseaux Intranet des PME, les systèmes transcontinentaux d'échanges financiers, les multiples satellites supportant de gigantesques réseaux d'information, le multimédia et, bien sûr, Internet sont quelques-uns des vecteurs de cette mondialisation des idées, des échanges et de l'argent. Le mariage technologique de l'image, du son, des télécommunications et du traitement informatique a fait faire à la communication un saut qualitatif et quantitatif aux conséquences encore incalculables. Comment oser encore penser qu'il n'aurait pas de conséquences immédiates à ce raz de marée du « tout numérique » sur le travail lui-même et l'exercice des différents métiers ? Le commerce électronique, le télétravail, les messageries, la documentation en ligne, les multimédias de loisir ou d'apprentissage indiquent déjà quelques lignes de force... Reste une question : jusqu'à quand la note de service aura-t-elle encore sa place ?

Plus aucune structure, publique ou privée, plus aucun individu ne peut aujourd'hui se tenir à l'écart des ces moyens sans s'exclure aujourd'hui de la vie économique et, demain, de la vie sociale. Une fois conjurées les peurs un peu millénaristes qui nous empêchent d'aimer vraiment le progrès, chacun trouvera naturel d'apprendre à s'en servir. À condition de ne pas avoir peur et de ne pas perdre trop de temps.

La « nouvelle communication » est une énorme déferlante qui s'approche des plages tranquilles et endormies de nos habitudes. Quelle attitude adopter devant cette arrivée inexorable et programmée ? À vous de choisir ! Il y en a trois possibles... Ou bien vous choisissez de n'en rien voir. Vous boirez la tasse et si la vague est très forte, vous vous noierez. Ou bien vous apprenez vite à nager. Vous résisterez, mais vous serez secoué, ballotté et jeté rapidement sur le sable pleins de plaies et de bosses. Ou bien vous décidez d'apprendre le surf... Alors vous utiliserez la formidable énergie de la vague pour vous diriger vous-même sur les crêtes ou dans les creux, pour aller là où vous aurez choisi d'aller. Avec en plus un des plus puissants moteurs de la communication et de la réussite : le plaisir !

Bibliographie

Autrement (Revue), « La Culture de l'entreprise », Sept., 1988.

BATICLE Yveline, *Clés et codes de l'image*, Éd. Magnard-Université, 1985.

BONIN Serge, *Initiation à la graphique*, Éd. EPI, 1983.

BONNANGE Claude et THOMAS Chantal, *Don Juan ou Pavlov - Essai sur la communication publicitaire*, Éd. du Seuil, 1987.

BRESSAND Albert et DISTLER Catherine, *Le prochain monde*, Coll. Odyssée, Éd. du Seuil, 1985.

BRETON Philippe et PROULX Serge, *L'explosion de la communication*, Coll. Sciences et société, Éd. de La Découverte/Boréal, 1989.

CHAUMIER Jacques, *Les techniques documentaires*, Coll. Que sais-je ?, Éd. PUF, 1984.

DEMUTH Gérard, *Rien n'est plus pareil et ça n'est pas un drame*, Éd. Stock, 1997.

DESMET Pierre, *Le CD-ROM : porte du multimédia pour le marketing*, Éd. Economica (médias-poche), 1997.

DUPUY Emmanuel, DEVERS Thomas et RAYNAUD Isabelle, *La communication interne*, Les Éditions d'Organisation, 1988.

FUNKHOUSER G. Ray, *Le pouvoir de persuasion*, Éd. du Seuil, 1989.

GUILHAUME Philippe, *Les mots et les hommes - Les procédés de la communication*, Éd. Economica, 1988.

HAAS Claude-Raymond, *Pratique de la publicité*, Éd. Dunod, 1988.

HAGUET Jean, *Internet, guide stratégique et pratique pour l'entreprise*, Éd. Masson, 1996.

ICHBIAH Daniel, *Le guide de la cyberculture*, Éd. A. Carrière, 1998.

IZRAELEWICZ Erik, *Ce monde qui nous attend*, Éd. Grasset, 1997.

JAUBERT Marie-José, *Slogan, mon amour*, Éd. Barrault, 1985.

JOLIVALT Bernard, *La réalité virtuelle*, Coll. Que sais-je ?, Éd. PUF, 1995.

KALOGEROPOULOS Léonidas, *Multimédia et autoroutes de l'information : pour comprendre la diversité des outils et en saisir les enjeux*, Éd. Nathan, 1995.

KAPFERER Jean-Noël, *Rumeurs - Le plus vieux média du monde*, Éd. du Seuil, 1987.

LANDAU Olivier et LE PESLOUAN Gilles, *La révolution numérique dans la production audiovisuelle et cinématographique*, Éd. Dixit, 1996.

LAQUEY Tracy (Préface d'Al Gore), *Sésame pour Internet, Initiation au Réseau planétaire*, Éd. Addison-Wesley, 1994.

LAUFER Roger et SCAVETTA Domenico, *Texte, hypertexte, hypermédia*, Coll. Que sais-je, Éd. PUF, 1992.

LEHNISCH Jean-Pierre, *Maîtriser la communication de l'entreprise*, Les Éditions d'Organisation, 1985.

MARCHAND Marie, *Les paradis informationnels*, Éd. Masson, 1987.

MENNIG Miguel, *Les newsgroups*, Éd. Marabout, 1997.

MOLES Abraham-Antoine, *Théorie structurale de la communication et société*, Éd. Masson, 1986.

MONOT Philippe, *Habiter le cybermonde*, Coll. Comment ?, Éd. de l'Atelier, 1998.

NASR Jean-Marc, *L'Image numérique*, Coll. Led initiation, Éd. Eyrolles, 1987.

PATEYRON Emmanuel-Arnaud, *Les nouvelles technologies et l'information et l'entreprise*, Éd. Economica, 1996.

RHEINGOLD Howard, *Les communautés virtuelles*, Éd. Addison-Wesley, 1995.

TRIFOT Alain, *Extranet*, Coll. Documentation multimédia, Éd. Hermès, 1996.

ZENATTI Georges, *CD-ROM et vidéo sur CD*, Éd. Hermès, 1996.

044049 - (I) - (2,5) - OSB-80° - PPC

Achevé d'imprimer sur les presses de la
SNEL S.A.
rue Saint-Vincent 12 – B-4020 Liège
tél. 32(0)4 344 65 60 - fax 32(0)4 343 77 50
août 1998 - 9897

Dépôt légal de la première édition : 3e trimestre 1989
Dépôt légal : septembre 1998